1日ごとに差が開く

# 天才たちのライフハック

許成準
Hur Sung Joon

Life Hacks of Geniuses

すばる舎

# はじめに

**「圧倒的な成功を収めた〝天才〟と言われるような人と、普通の人との違いは何だろう？」**

誰もが気になる疑問である。

人の成功を決める要因は、運を除けば知性やその分野への専門知識が重要だと思われる。こうした個人の力量は、ある程度は先天的な要素により、ある程度は後天的な要素によって決まるものと思われる。

アルベルト・アインシュタインも投稿していた科学雑誌「サイエンティフィック・アメリカン」によると、**大人の知的能力の60％は先天的なもので、40％は後天的なもの**だという。

また、テキサス大学オースティン校の研究によると、**学術分野における成功の約60％以上が先天的な影響、残りが後天的な影響だった**という。

学術的な成功が、人生の成功のすべてではないが、この研究結果には多くの示唆がある。

生まれながらの天才も確かに存在するものの、後天的な素質を開花させた成功者も、世界には大勢いることがわかる。今から先天的な要素を鍛えることはできないのだから、現在の私たちは後天的な要素を最大限に高めるしかない。

では、**成功に必要な、後天的な要素とは何だろう？**

まだはっきり証明されたわけではないが、多くの研究者のおかげで、後天的な要素を左右するものとしては、**「習慣」がもっとも有力**とされている。

たとえば、223人のお金持ちと、128人の貧乏な人の人生を5年間にわたって追跡・分析した経営者トム・コーリーも、前者と後者の差は、「習慣」にあったと結論づけている。かの世界的ベストセラー、その名も『7つの習慣』の著者スティーブン・R・コヴィーも、成功する人の特徴は「考える習慣」にあると主張している。

習慣は繰り返し行われることで、成功への近道を生み出したり、驚くほど生産性を上げてくれる魔法の道具だ。最近では、毎日の小さな行動で、人生に大きな変化をもたらすテクニックを「**ライフハック**」と読んでいるが、圧倒的な成功を収めた天才たちが、ライフハックに使った道具こそ、習慣だったといえる。

そこで本書では、古今東西の天才たちが駆使してきたライフハック――習慣に焦点を当てた。

たとえば、**大文豪アーネスト・ヘミングウェイが立ちっぱなしで小説を執筆していたこと**や、あの**Apple創業者スティーブ・ジョブズが、常に泣く習慣を持っていたこと**などは、ほとんど知られていない。

本書では、こうした習慣の内容だけではなく、それが彼らの業績にどのように影響したのか、**科学的にどのような効果があったのか**を、詳細に解説した。

話は変わるが、読者諸氏のなかには幼いころ、『ドラゴンボール』などの少年漫画を愛好した人も多いはずだ。一般に、こうした少年漫画は主人公が強敵と戦って勝利し、さらに強い敵が登場して、また戦って……というストーリーである。

その強敵としてしばしば登場するのが、**主人公の能力をコピーする力を持つ敵**である。これが主人公にとっては、大きな脅威となる。

主人公が必殺技を使っても、相手も同じ技術をそっくりそのまま使ってくるからだ。もちろん、少年漫画だからこのような敵も退治されるのだが、こうしたタイプの敵に、多くの主人公はかつてないやりにくさを覚える。そこまでに**苦労して身につけた技量や必殺技を、一瞬で相手のものとされた**のだから、無理もない。

天才たちの習慣を真似することも、その強敵に似ている。習慣を真似したからといって、すぐに天才になるわけではないが、彼らの**成功の秘訣が日常に取り入れられることで、飛躍的な成長が可能となる**だろう。

本書では88個もの習慣を紹介しているが、それぞれ「**集中力を強化するライフハック**」、「**アイデアが湧いてくるライフハック**」、「**仕事の生産性を上げるライフハック**」、「**ストレスに打ち勝つライフハック**」、「**学び、自らを高めるライフハック**」の5つに分類してある。

今、まさに読者が悩んでいる問題のヒントになりそうな箇所から読んでもいいし、自分が好きな作家やスポーツ選手、科学者を見つけて読んでも良い。

本書を手にとってくれた読者が、超一流の天才たちの習慣を身につけ、令和元年の新しい時代で、より良い日々を過ごしてくれれば、筆者としてこれほどの喜びはない。

# 1日ごとに差が開く　天才たちのライフハック　目次



## 第1章

## 集中力を強化するライフハック

# 第2章

## アイデアが湧いてくるライフハック

## 第３章

### 仕事の生産性を上げるライフハック

## 第4章 ストレスに打ち勝つライフハック

## 第5章

## 学び、自らを高めるライフハック

第１章

# 集中力を強化するライフハック

# 自分の残りの寿命を確認する

## パトリック・コリソン（1988〜）

アイルランド出身のコリソン兄弟は、**シリコンバレー史上最年少で億万長者になったこ**とで知られている企業家である。

彼らが億万長者（資産が10億ドルを超えた人物）になったのは、2016年だったが、兄のパトリック・コリソンは当時28歳、弟のジョン・コリソンは26歳だった。弟の年齢を基準にすると、彼らはSnapchat創業者のエバン・シュピーゲルを抜いて、最年少で億万長者になったと認められた。

コリソン兄弟が設立したStripeという会社は、PayPalのようなオンライン決済サービスを提供している。本書執筆時点でのStripeのアメリカにおけるシェアは8%くらいで、PayPalの76%に比べれば小さいが、同社は20年間、オンライン決済サービス市場を支配している会社で、Stripeは起業間もなく、上場すらしていない会社であることを考慮すれば画期的なことである。

Stripe は時価総額が毎年2倍近い伸びを見せるなど恐ろしい勢いで成長しているが、その特徴は PayPal に比べはるかに利用が簡単だということである。

たとえばアメリカで通販サイトを作ろうとした場合、PayPal を使うと開設が容易ではないという。技術的な問題が発生すると解決が難しい。だが、Stripe を使えば、**7行のコードを挿入するだけで完了だ。**

ＩＴに詳しくない自営業者の眼に、どちらが魅力的に映るかは言うまでもない。コリソン兄弟がこの市場に打って出たのも、**PayPal の不便さを知っていたからだ。**

10歳からプログラミングを学んだパトリックは、中高生時代は国内の科学大会で受賞の常連だった。その後、20歳にもなっていないとき、弟のジョンとオックスフォード大学の卒業生２人が起業したシリコンバレーのベンチャー企業に合流し、通販ビジネスのための取引管理ソフト「Auctomatic」を作り、５００万ドルで売却した。

この成功経験で自信を深めた彼らは、学校を辞めて本格的に事業を始めた。

市場の覇者であった PayPal の複雑さ・不便さという弱点に目をつけて、それをできるだけシンプルにする方法を研究した。コードは別途の手続き抜きで、無料で利用する方法にした。ユーザーは決済額の2・9％を手数料としてStripeに支払えば良い。とてもシンプルな仕組みであり、会社の成長が早いのには、このような理由があるのだ。

コリソン兄弟の生活でもっとも目を引くのが、**時間を節約する習慣**である。

30歳になったパトリックの自宅のパソコンでは、残りの寿命がカウントダウンされている。80歳まで生きると仮定して、人生の残り時間が刻々と減っていっているのだ。

本書執筆時点では約50年を示す時間がモニターに表示されていることだろう。

パトリックは、しょっちゅうこの時間を見ながら、時間を大切にする覚悟を日々新にしているのである。彼はこう語る。

「時間が無限ならテレビなどを楽しむでしょうが、人生の時間は限られているのです」

このような姿勢があったからこそ、20代で億万長者になることができたのだろう。

さらに、よく考えてみるとStripeのサービスもPayPalの難しさのせいで時間を浪費した経験から思いついたアイデアである。

いろいろな面で時間を大切にする習慣が、彼らの成功の秘訣だったのである。「**またつまらないスマホゲームに時間を使ってしまった……**」と日々落ち込んでいる読者は、ぜひこの習慣を試してみて欲しい。

# ランチを減らして集中力を高める

## ウォルト・ディズニー（1901～1966）

数々の放送局や映画会社を傘下に収め、エンターテインメント業界の王座に君臨している、ウォルト・ディズニー・カンパニー。その創立者こそウォルト・ディズニーである。彼の日課は、その伝記によってよく知られている。

ディズニーは午前8時にはスタジオに出勤すると、アニメーションの絵コンテをチェック。その後はスタジオを歩き回って、スタッフの仕事ぶりに目を光らせて昼まで過ごす。ランチはシンプルなもので、サラダなど消化しやすい軽食と、V8のトマトジュースだけで完結してしまう。

というのも、彼は**「腹いっぱいにランチを食べると、頭の働きが鈍くなる」**と考えており、社員にも長いお昼休みは与えなかった。自身は昼食は軽食で済ませるぶん、ナッツやクラッカーなどをポケットにしのばせていた。

午後には会議や電話連絡でスケジュールはパンパンだったが、しばしばディズニーはポケットからナッツやクラッカーを取り出し、働きながら食べていたという。夕食はマカロニ&チーズやチリビーンズを好み、夜には会社の寝室で眠りに就くことが多かった。

日課だけを見ると、ランチは最小限にして、働きながら食べ物を口にし、睡眠も会社でとるなど、ディズニーはただのワーカーホリックだが、実はこの食事習慣は悪くない。

人間は、一度に多くの食べものを摂ると、血糖値が急激に変化して疲労を感じ、眠くなってしまうことが科学的に証明されている。だからたいていの医師は、少量の食べものを何回かに分けて口にすることが、パフォーマンスを維持するのに最適な方法だと指摘する。

午後に集中力が低下する人は、**ランチは最小限にして、午後にカロリーを少しずつ摂取してみてはいかがだろうか。**

余談だが、ディズニーが「ウィズダム・マガジン」という雑誌に書いたエッセイによると、彼はしばしば、「成功の秘訣」や「夢を叶える方法」について質問されるという。

そのとき、彼はいつも**「それは働くしかありません」**と答えたという。

勤勉を絵に書いたようなディズニーは、他の時間と同じく、ランチも仕事のために犠牲にしたつもりだったのだろうが、期せずして健康的な習慣を続けていたのである。

# ささいな問題は予め選択肢を決めておく

リチャード・ファインマン（1918〜1988）

リチャード・ファインマンは、アメリカの物理学者で、量子力学の発展に大きく貢献した功績で1965年にノーベル物理学賞を受賞している。

私たちが肉眼で見ている世界では、すべての物体がひとつの経路で動いている。だが、量子力学、つまり目に見えない分子や原子の世界では、**粒子はひとつの経路では動かない。**

野球にたとえると、打者のバットから打ち出されたボールが、次の瞬間には60％の確率でライトスタンドに、40％の確率でレフトスタンドに動いているようなものだ。

ファインマンがノーベル物理学賞を受賞した業績は、粒子のエネルギーを計算するために、その**粒子のすべての経路を考慮して合算する方法を作り出した**ことだった。さきほどの例でいえば、野球のボールが飛んでいく経路をすべて計算して合算したのだ。

これを「経路積分」という。これまでは確率が支配していた不可解な自然現象を、目に見える経路で表現して、具体的で直感的な計算方法を作ったことに大きな意味がある。

量子力学の不確実性とは関係がないだろうが、ファインマンはどんな事柄についても、いろいろと考えてしまって素早く結論を出すことができない優柔不断な面があった。

ファインマン自身も自分のそんな性格を嫌っていたから、克服すべく努力した。

彼がMIT（マサチューセッツ工科大学）の大学生だったとき、食堂では何種類ものデザートが選べるようになっていた。どれもが美味しそうだったから、ファインマンはいつも「どれを食べようか……」と悩んでしまっていた。

しかしあるとき、このようなつまらない選択のために悩むのは、人生の浪費だと思い立ち、ある習慣を自らに課した。

「**私はこれから、デザートは常にチョコレートアイスクリームを食べる**」

この決心のとおり、ファインマンは大学卒業後も、チョコレートアイスクリーム以外のデザートを口にしなくなった。

そして、この小さな習慣を、人生のすべての選択に適用していった。何かを決めたとき、その決断を決して覆さないことにしたのだ。一度決めたら忘れてしまうように心がけた。

ファインマンは非常に高い集中力を発揮したことで知られているが、その源は、このように、無駄ことに気を遣わない習慣にあったのかもしれない。

アルベルト・アインシュタインも、毎朝、何を着るのか考えるのが時間の浪費だとして、毎日同じ服を着た。この習慣は、Facebook のＣＥＯマーク・ザッカーバーグや、スティーブ・ジョブズも持っていた。

ザッカーバーグは同じ服だけでいっぱいのクローゼットを公開したこともある。

これは**日常における選択を最小にして、生活をシンプルにするための習慣だ。**

小さな習慣に見えるが、余計な事柄に悩まされなくなると、もっと重要な事柄に集中力のリソースを割くことができるようになる。

どうしても、いろいろなデザートが人生に欠かせないという読者は別のものでチャレンジしてみよう……。

# 立って働く

## アーネスト・ヘミングウェイ（1899～1961）

アーネスト・ヘミングウェイは、**1954年に『老人と海』でノーベル文学賞を受賞したアメリカ**の小説家である。読者の中には、中高生時代に同作を読んで退屈に感じた人もいるかもしれないが、無理もない。

『老人と海』は、ある程度の人生経験を積んだ人にだけ感動を与えるような内容だからだ。子どもから大人になるにつれて、食べ物の好みが変遷していくのに似ている。

ヘミングウェイの特徴は簡潔な文体だ。感情を詳しく描写したり、美辞麗句を尽くしたりしない。**短い文章で、客観的な事実だけを書く、ドライなスタイルだ。**

だが、そのスタイルが読者の想像力を刺激し、感動を最大限に高めてくれる。

『老人と海』はストーリーすら簡潔だ。84日もの間、魚を一匹も捕まえられなかった老いた漁師が、遠い海に出て、2日かけて700キロもの巨大なカジキを捕らえることに成功する。しかし、持って帰る途中でサメの群れの襲撃を受けてしまう。老人はカジキを狙うサメを追い返すために壮絶な戦いを繰り広げるが、いかんせん力不足だ。老人はサメと戦いながら、こうつぶやく。

「人間は負けるために造られた存在ではない。破滅しても、負けはしないんだ（A man is not made for defeat...a man can be destroyed but not defeated.）」

かろうじて家にたどり着くが、カジキは頭と骨だけになっていた。疲れ果てて帰ってきた老人はやがて深い眠りに落ちる。

この作品はいろいろなものが投影された、奥深い象徴の世界だ。

読者は海の生物たちと一人ぼっちで死闘を繰り広げる漁師に、完璧に感情移入することができる。このような種類の感動は、**ヘミングウェイの簡潔で、ドライな文体でなければ感じることができない。**

１９５４年、「パリスレビュー」という雑誌の記者が、そのヘミングウェイにインタビューするために自宅を訪問したときのこと。そこで記者が発見したのは、ヘミングウェイが**小説を立って書く習慣**を持っていることだった。

ヘミングウェイはタイプライターで小説を書いていたが、そのタイプライターはスタンディングデスク（立って作業するようになっている机）の上にあった。

なぜこのような執筆スタイルをとっているのかというと、まさに短く、簡潔な文体を追求するためだという。

座って書いていると、どうしてものんびりとして、一文が長くなりやすい。だから、彼はスタンディングデスクを使ったり、片足で立ったりしながら小説を書いたのだという。

実は『オリバー・ツイスト』や、『クリスマス・キャロル』で有名なイギリスの小説家チャールズ・ディケンズも同じ習慣を持っていた。

別の分野としては、「第二次世界大戦」を連合国の勝利に導いたイギリスの首相、ウィンストン・チャーチルも、たびたび立って働いていたという。

多数の研究によれば、**立って働くと頭脳が活性化され、集中力が高まる**のだという。動脈硬化や心筋梗塞、そしてがんが発生するリスクも低下するという。

もちろん何よりの効果は、仕事中に余計なことをせず、最短で作業を終えられるようになることだ。

アメリカのシリコンバレーもこの効果に着目し、立って働く「スタンディングオフィス」

を導入する企業が増えているという。

シリコンバレーを代表する企業Facebookでは社員たちにスタンディングデスクにするかどうか選択させたところ、意外に多くの社員が導入し、**今では２５０人以上が使っているという。**

これは読者も試してみる価値がある。

１日中立っていなくても、何かの作業をするときに立ったまま取り組むと、確かに集中力の高まりを感じることができるはずだ。立つだけならタダなのだから、ぜひ読者もヘミングウェイの真似をしてみてほしい。

# 仕事は核心部分から手をつける

アガサ・クリスティー（1890〜1976）

アガサ・クリスティーは『オリエント急行の殺人』『そして誰もいなくなった』『アクロイド殺し』などで有名なイギリスの推理小説家だ。**累計の売上は20億部以上**にのぼり、聖書とウィリアム・シェイクスピアの作品の次に読まれている作家と言われている。

彼女はイギリスの文学史においても重要な位置を占めている。ジャンルは推理小説だが、ストーリーテリングの技術において、彼女以上に優秀な作家はいなかったからだ。

どんでん返しの結末や、緻密なトリックはあまりにも有名で、これまでにも多くの映画や小説、漫画にも影響を与えている。推理小説といえば、彼女の登場以前にコナン・ドイルという大家がいたが、「アガサ・クリスティー以後」は、トリックや物語の構成がずっと緻密になり、犯人の犯行の手口も奇怪なものに進化していった。

彼女が**「推理小説の女王」**と呼ばれる所以である。

小説を執筆しているときのクリスティーには、特別な習慣があった。**冒頭から書き始めずに、しばしば殺人シーンから書いたのである。**犯行がどう行われたかを詳しく描いた後に、その前後のストーリーを補完していく手法だったのだ。

彼女がこうした手法を採用した理由は、**推理小説の核心が殺人シーンだから**である。初期の推理小説のなかには、盗まれたものを探し出すといった物語もあるが、殺人が欠けている推理小説は、他によほどの目玉がない限り、読者の興味を引くことができない。未知の犯人の手によって、不思議な方法で（ときには不可能に思える方法で）殺人が行われると、読者の興味は最高潮に達する。

その**興味を推進剤**として「誰が」、「どのような方法で」、「なんのために」その殺人を犯したのかを究明する過程を、面白く読ませるのが推理小説の基本的な構造である。

彼女の小説が現代においても人気がある理由は、その興味の引き方が、他の作家たちよりずっと巧みだからだ。物語の構成や展開の緻密さもあるが、なにより印象的なのはその殺人の方法である。

例えば『そして誰もいなくなった』では、無人島の家に招待された10人が、ひとりずつ殺されていく。招待されたところには10個の人形があるのだが、殺人が起こる前触れとして、必ずその人形のうちのひとつがなくなる。10個の人形は、殺される10人を象徴しているのである。

つまり、彼女の手法は**自分の仕事の核心部分に真っ先に手を付けて、残りをそれに合わせて処理していく**というものだった。

このような仕事術は、あらゆる仕事に応用できる。

たとえば会社で企画書やプレゼンテーションのための書類などを作成するとき、**頭から書く必要はない。**最も核心的な部分を作って、それに合わせて残りを処理すれば良いのだ。

読書するときにも、最初から読まず、結論部分や、興味のある箇所から読む方法もある。そして「ここに至るまでの過程はどうだったのか?」と考えながら他の部分を読むのである。これは文学作品よりは、あまり気がすすまない古典に取り組むときにおすすめのテクニックである。

世界的に高名な経営コンサルタントのスティーブン・R・コヴィーも、著書『7つの習慣』のなかで、「重要なものを優先する習慣」を、人生を成功させるため重要な習慣のひとつとして挙げている。クリスティーが殺人シーンから小説を書いたのは、自分の仕事の優先順位をよく把握していたからなのである。

# スケジュールを5分単位で管理する

## イーロン・マスク（1971〜）

イーロン・マスクは、**映画『アイアンマン』の主人公のモデルとして有名である。**

テクノロジーに詳しい天才エンジニアでありながら、巨大なテック企業を成功させた敏腕経営者であるという個性が、主人公トニー・スタークのイメージに借用されたらしい。

彼は本書の執筆時点で、電気自動車を生産する企業Tesla、そして宇宙船を作る会社Space XのCEOとして活動している。ちなみに、インターネット決済の代名詞PayPalを創業したのもマスクだ。

マスクは同時に2つの会社を経営しているから、当然、多忙を極めている。

彼は朝食もとらずに出勤する。すぐに経営者として、たくさんの人と会ったり会議をこなさなければならない。

だから、**すべてのスケジュールを5分単位で管理する習慣**を持っている。

5分単位というのは、5分ごとに違う仕事をするという意味ではなく、「**15分間メールをチェック、5分間休憩、20分間営業チームと会議、5分食事……**」という調子で、5分をひとつの単位として日程を計画しているということである。

ぼうっとしたり居眠りして時間を浪費することなど、想像もできない忙しさである。

さきほど「5分食事」と書いたが、マスクは実際に昼食は5分で済ませるのが普通だ。会議中にテーブルで済ませてしまう場合もある。仕事中毒者の彼は「食事をせずに栄養を摂取できる方法が欲しい」と発言したこともある。

だから、マスクのすべての生活習慣は時間の節約に最適化している。彼は普段、オフィスで携帯電話を使わない。代わりにパソコンでメールを使う。電話がかかってくると仕事を中止して即刻対応しなければならないが、**メールは自分の都合が良い時間帯に、一気に処理することができる**からだ。

それに、内容のない話で時間を浪費する危険がある電話より、メールならすべての内容をひと目で把握することができる。

さて、1日を短い単位に分けて、スケジュールを管理する習慣について述べたが、これはあらゆる読者にも活用できる習慣である。マスクとまったく同じ方法を使う必要はない。

たとえば、本書を担当している編集者は、**「ポモドーロ・テクニック」**と呼ばれる時間管理術を使って、本書を制作したらしい。

これは、細かいルールを省けば**「25分間仕事をし、5分間休憩をひたすら繰り返す」**というシンプルなもので、集中力が続きにくい人でも、仕事が能率が上がるテクニックとして密かな人気を集めている。

なかなか調子が上がらなかったり、意欲が湧かないときでも、「25分くらいならやってみるか」と思えるものだ。

そして「25分間仕事・5分間休憩」のサイクルを繰り返していると、どんな仕事に何回のポモドーロを当てはめれば良いかが感覚的にわかってきて、効率よく仕事がこなせるようにもなるという。

マスクはあまりにも忙しくて、5分をひとつの単位としてスケジュールを区切っているが、仕事に集中するためのテクニックとしても、一定の時間をひとつの単位とする手法は有効なのである。

# 「この仕事が最後」と考える

## フョードル・ドストエフスキー（1821〜1881）

ドフトエフスキーは、19世紀のロシアを代表する文豪である。アーネスト・ヘミングウェイやフランツ・カフカ、ジャン＝ポール・サルトルなどの西洋の作家だけではなく、日本の芥川龍之介や大江健三郎などにも影響を与えた。

あのアルベルト・アインシュタインをして**「ドフトエフスキーはどの科学者よりも、そして偉大なゼウスよりも私に多くのことを教えてくれた」**と言わしめたほど、文学のみならず哲学・科学の分野にも彼のファンは多い。

アインシュタインが愛読したという『カラマーゾフの兄弟』をはじめ、ドフトエフスキーの著作には宗教や生と死、精神と肉体など哲学的な問題に踏み込んだ作品が多い。小説の形をとった宗教書や哲学書と言ってもいい。

そのドフトエフスキーは、ひとつひとつの作品を、**自身最後の作品だと考えて執筆する**

**習慣**を持っていた。

なぜ、このような考えを持つに至ったのかといえば、彼の人生に起こったある劇的な事件が大きく影響している。

ドフトエフスキーが生きた時代のロシアは皇帝が統治していたが、同時に「フランス革命」の影響がヨーロッパ全土に広がりを見せていた時期でもあった。

彼は友人たちが農奴の自由のために蜂起を計画していることを知り、自分もその計画に参加した。が、それは政府のスパイによって露見し、**23人の友人とともに逮捕されてしまう。**

銃殺刑を宣告された彼は、刑場で将校が罪を読み上げているのを聞きながら、思考が混濁していくのを感じていた。教会の鐘塔を照らしていた日光が、かかってきた雲に遮られていくのを見ながら、ドフトエフスキーはこんなことを考えた。

**「もし私が死ななければ、もし生きれば私の人生は永遠のように感じられるだろう。もし生き残れば人生の１秒も浪費しないだろう」**

そして、頭に頭巾が被せられ、兵士が銃を発射しようとした、まさにその時。

刑場に馬車が到着して、皇帝が特別に彼らの刑を減刑したことを知らせた。

こうしてドストエフスキーは死刑になる代わりに、極寒のシベリアへ送られて４年間の重労働を課せられた。想像を絶する環境を耐えながら、彼は頭の中でいろいろな作品の構想を練った。

シベリアから戻ってきたドフトエフスキーは、人が変わったようだった。作品ひとつひとつが自分の遺作だと思って、渾身の力作を発表し続けた。『罪と罰』、『白痴』、『悪霊』、『カラマーゾフの兄弟』……。

現代の我々は、インターネットやスマートフォンなど、その気になれば一生暇つぶしをして過ごすことも可能なほど、いろいろな文明の利器に囲まれている。**私たちの限られた時間を、どうにかして食いつぶそうと、世界中の企業が血眼になっている。**

目の前に銃を突きつけられて、「生き残れたら、これからは1秒も浪費しない」と祈ったドフトエフスキーの思いとその仕事哲学は、その作品とともにもっと語り継がれるべきだろう。

# あえて、うるさいところで考える

フォン・ノイマン（1903～1957）

ハンガリー出身のフォン・ノイマンは、20世紀科学史における最重要人物のひとりである。数学者として「ゲーム理論」の成立に貢献しただけではなく、その概念を経済学に持ち込み、コンピュータが発明されたとき、彼が提案したプログラム内蔵方式は、今のコンピュータの基本的な構造になった。現在の私たちが当たり前に触れている「ハードウェアとソフトウェアの分離」の概念が彼によって作られたのである。

一般的に、彼のような天才科学者は、静かな研究所で、ひとりで黙々と研究に没頭しているイメージがあるが、ノイマンの場合は**うるさい音楽や騒々しい場所が大好きだった。**わざわざナイトクラブに鉛筆と紙を持って行ったこともあるという。

妻も「**うるさければうるさいほど、彼には良いのです**」と語るほどだった。

むしろ静かな場所が退屈に感じる質《たち》で、大学の研究室でもお構いなしに大音量で音楽を流すものだから、隣の部屋の教授が怒って抗議に来たこともある（ちなみにその教授はアルベルト・アインシュタインだった）。

フォン・ノイマンのような天才の存在は、**静かな場所で働くことだけが正解ではない**と教えてくれる。イリノイ大学の研究所の論文によると、カフェのざわめきなどの雑音が、創造的な仕事の生産性を高めてくれるという。森の自然の音や、遠くの道路の音なども同じ効果を持つが、これらを「**ホワイトノイズ**」という。これに着目して、現代では雨が降る音や、雑踏の音を聴かせてくれるウェブリイトを立ち上げて、ホワイトノイズを流しながら働く人もいる。この習慣にはもうひとつ狙いがある。

静かな場所を好み「うるさいと集中できない」と文句を言う人は、「**静かな場所しか集中できない**」**と思い込む**ことによって、それがジンクスとなって、ちょっとした音でパフォーマンスを低下させてしまっていることも多い。

しかし現実には、フリーランスでもない限り、オフィスで人の話し声や電話の着信音のなかで仕事をしているビジネスマンがほとんどで、完璧に静かな場所など存在しない。

ホワイトノイズの中で考える習慣は、こうした働く環境を取り巻く音への耐性をつける訓練にもなるということだ。

# 朝には目標を、夜には課題を書いてみる

ベンジャミン・フランクリン（1706～1790）

ベンジャミン・フランクリンはアメリカを代表する天才といっても過言ではない。アメリカ合衆国憲法の草稿を考えた「**建国の父**」のひとりであると同時に、なんと科学者・発明家としても活躍している。

彼が嵐の中で凧を揚げて、雷が凧に落ちるところを見て「**雷は電気である**」**と証明した**逸話は有名だ。彼はその実験結果を受けて、雷が高いところに真っ先に落ちることに着目し、避雷針を発明した。

驚くべき発明と貢献である。彼のように政治と科学、双方の分野で大きな業績を残した人物はほとんどいない。

そのフランクリンは、**時間を大切にする習慣**を持っていた。

次ページの彼が作成した「1日の理想的な過ごし方」に注目して欲しい。

＜朝の問いかけ＞
今日はどんないいことをしようか？

| | |
|---|---|
| 5<br>6<br>7 | 朝起きて、洗い、神に祈る<br>１日の計画を立てて、<br>その日の決心をする。<br>今進めている研究活動をして、<br>朝食を食べる。 |
| 8<br>9<br>10<br>11 | 仕事 |
| 12<br>13 | 読書するとか、会計の仕事をする<br>そして食事 |
| 14<br>15<br>16<br>17 | 仕事 |
| 18<br>19<br>20<br>21 | 物事を片づける。夕食と食べる。<br>音楽を聴くとか気分転換をする。<br>人々と付き合う。<br>１日を点検する。 |
| 22<br>23<br>24<br>1<br>2<br>3<br>4 | 就寝 |

＜夜の問いかけ＞
今日はどんないいことをしただろうか？

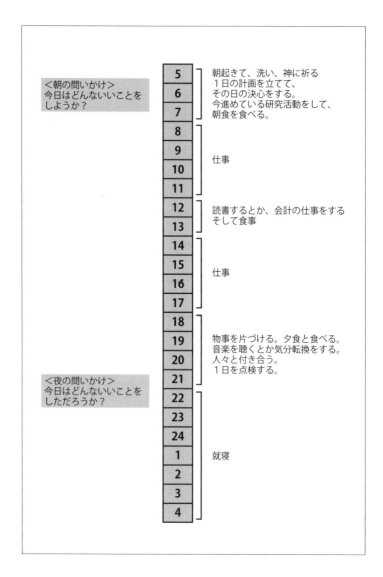

１時間刻みでやるべきことが決められているが、特筆すべきは、朝起きた後と、夜寝る前に、自問自答すべき事柄が書かれているのだ。

朝は、**「今日はどんな有益なことをしようか？」**。

夜は、**「今日はどんな有益なことをしたか？」**。

時間を無駄にせず、有益な人生を送ろうとした、彼の精神をスケジュールからも見てとれる。このように毎日自分に問い、自分で答えることで、いくつもの分野で足跡を残すことができたのだ。

スケジュール帳を活用している読者は多いだろうから、ぜひとも１日のタスクのはじまりと終わりに、この質問を追加してみて欲しい。

ちなみに、この習慣から**「時は金なり」**という名言を連想した読者も多いことだろうが、実はこれはフランクリンの言葉である。

# 単純な仕事は音楽の力を借りる

ジョナサン・アイブ（1967〜）

ジョナサン・アイブは、iPhone、iPad、Macなどをデザインした、**Appleのデザインにおける最高責任者だ。**彼のデザインの特徴は、ミニマリズム的なアプローチで余計な要素をすべて削り取り、快適な使用感を最大化していることである。

彼は現在、インダストリアルデザインの分野で最高の知名度を持つ巨匠といえる。

インダストリアルデザインはクリエイティブな仕事ではあるが、**クリエイティブな仕事がいつもエキサイティングなのかといえば、そうではない。**デザイナーたちはアイデアを再現して使用感を確認するために、スタイロフォームなどの建材で実際の製品と同じスケールの模型を作るが、これはかなり退屈な作業である。

アイデアをひねり出すことが1％なら、99％が模型を作る単純労働だと言っても過言ではない。漫画家やアニメ制作においても似たような面がある。クリエイティブな職業ほど単純労働に耐えなければならないのは皮肉といえる。

その単純労働を楽しくするために、アイブは**一日中トランス音楽を聴きながら働く習慣**を持っている。彼はトランス音楽が大好きで、わざわざイギリスから大型のスピーカーを取り寄せてオフィスに設置したという。

この習慣の効果を裏付けるものとして、「**単純な仕事をするときに音楽を聴くと、仕事の生産性が高くなる**」という研究結果がある。また、音楽を聴くと脳からいわゆる「幸せホルモン」と呼ばれるドーパミンが分泌され、心理的な緊張を緩和する効果があるという。『ハリー・ポッター』シリーズで知られるＪ・Ｋ・ローリングも、毎晩チャイコフスキーの曲を聴きながら執筆している。これは音楽が単純労働に彩りを与えるという間接的な証拠だろう。クリエイティブな成果は楽しい環境でしか生まれないからである。

日本では音楽を聴きながら働くことを許していない会社がほとんどだが、急成長したグローバル企業――Google や Microsoft など――の初期の話を見てみると、業務と音楽は切っても切れない関係にあったという記録が多いから、禁止することの有効性には疑問符がつく。もし読者が自由に働ける環境にあったら、退屈な仕事をするときは音楽を友とすることをおすすめしたい。

# 自己流のドーピングに身を任せてみる

## オノレ・ド・バルザック（1799～1850）

オノレ・ド・バルザックは**フランスを代表する文豪である。**フランスの小説家といえば、『三銃士』のアレクサンドル・デュマや、『レ・ミゼラブル』のヴィクトル・ユーゴーも有名だが、彼ら3人は同時代の作家で、友人関係にあった。

デュマが冒険小説を、ユーゴーが人間讃歌を描いたとすれば、バルザックの作品世界は偽善的な社会で苦悩する人間が主なテーマであり、**社会のせいで惨めに死んでいく人物も多く登場する。**代表作『ゴリオ爺さん』などは特にその傾向が顕著だ。

なぜそこまで社会の暗部を主題としたのかというと、大学時代、教授に才能を認められなかったり（教授は彼が小説家になることだけは、何としても止めなければならないとバルザックの母親に言ったという）、出版業に手を出してみたものの、倒産して多額の借金を負ったりといった暗い前半生のせいだろう。

バルザックは多作な作家として知られ、１日に15時間働いたとされるが、それを支えていたのが**毎日平均50杯ものコーヒーを飲む習慣**である。出版業の失敗のせいで、多額の借金を負っていたから、それを返済するためには一生懸命に働くしかなかったのだ。

当時の原稿料は単語の数に応じて支払われたから、バルザックは狂ったように多くの作品を生み出した。

彼は自分の世界に没頭するために、皆が寝ている静かな夜に執筆した。バルザックはいつも午前1時に起きて、朝食（？）を食べながら、大量のコーヒーを飲んで作業した。

執筆する前にコーヒーをコーヒーポットにたっぷり作っておいて、執筆しながら絶えず口にした。彼は「**コーヒーは私の人生の偉大な原動力だ。私はコーヒーの効果を全身で感じている**」と語っている。

コーヒーは彼の想像力を刺激する魔法の物質だった。飲むと、頭の中からアイデアが溢れんばかりに生み出され、それを手で書き留める時間もないほどだった。

バルザックは自分が飲むコーヒーの豆は直接購入していたが、良いコーヒーを買うためにパリ市内を歩き回って半日を浪費するほど執着を見せていた。

美味しいコーヒーが無い地方に旅行するときには、あらかじめ準備して行ったという。

そんな調子だから、彼にはコーヒーの知識もついてきて、とある科学論文ではコーヒーの効能について、まるまる1章を割いたことすらある。

多くの天才が脳を刺激するために、中毒性物質を利用してきたのは、多くの史料からも明らかだ。ビル・ゲイツが若いころは、毎日12本ものコーラを飲みながらプログラミングをしたのも有名な話だ。バルザックとは異なる飲み物だが、**カフェインを利用して脳の中枢神経を覚醒させている原理は同じだ。**

アルベルト・アインシュタインは考えるときにタバコを利用した。

パイプを吸いながら研究室を歩き回って思索を深める姿は、彼のトレードマークだったが、もちろん子ども向けの偉人伝にはそんなことは載ってない（ただ、アインシュタインの時代にタバコの有害性が証明されていたら、彼は禁煙したかもしれない）。

アスリートが記録を向上させるために禁止薬物を利用し、罰を受けるニュースをたびたび見かけるが、一般の人間は法に触れたり、健康に深刻な害を及ぼさない限り、**いくらでも自分の能力を覚醒させる物質を摂取することが許されている。**

もちろん、自身の健康と相談だが、カフェインなり、ブドウ糖なり相性の良いものを見つけたら積極的に摂取してパフォーマンスを高めるべきだろう。

# 自分が楽しむことを仕事の目標とする

アレクサンダー・フレミング（1881～1955）

アレクサンダー・フレミングは、ペニシリンを発見したイギリスの細菌学者である。**抗生剤がどれだけの人類を救ってきたか**を考えれば、彼は人類史上もっとも重要な人間のひとりと言われる資格がある。

実際、彼はタイム誌が選定した「20世紀におけるもっとも重要な100人」のひとりに選ばれている。また、その功績によって1945年、ノーベル賞を受賞している。

だが、実はこの重要な業績は「伝染病で苦労する人類に貢献しよう」と努力して成就した発見ではない。とくに何の目的もなく、**細菌が好きで、それを毎日観察して遊んでいて、偶然発見したのである。**

彼は1881年、スコットランドの農家で生まれた。幼いときから頭が良かった彼は、ロンドンの医者だった兄のサポートを受けて、その地で勉学に励むことになる。

そして、ロンドンの名門大学、王立科学技術学院（今のウェストミンスター大学）に入学し、優秀な成績を残した。その後、セイント・メーリ病院（今のインペリアル・カレッジ・ロンドン）で医者免許を取り、同大学で医科教授になった。

これだけでもかなり出世したといえるが、面白いのはここからである。**フレミングは毎日細菌を使って遊ぶ習慣**を持っていた。細菌で文字を書いてみたり、さまざまな色を使って細菌で絵を描いてみたりした。

遊びだとはいえ、細菌で絵を描くのは簡単ではない。

これにはかなり専門的な技術が必要だ。適切な温度、湿度、栄養状態などの条件を作り出さなければ、思い通りの色を作ることができないからだ。

この変わった行為には、とくに目的はなかった。言ってしまえば、面白いからこのようにして遊んでいたに過ぎない。ただ、その根底には「**細菌についてもっと知りたい**」という明確な情熱だけはあった。

たとえば、彼は風邪を引いたときに、自分の鼻水を他の細菌と混ぜて観察したことがあるが、それは風邪を引いたときの鼻水に、免疫効果があるかどうかが知りたかったらしい。

ある日、彼はミスをおかした。

研究室の細菌のサンプルをちゃんと隔離せずに、休暇に出てしまったのだ。

戻ってきたフレミングは、細菌のサンプルにカビが発生しているのを発見した。

普通の人なら、「私としたことが、こんなミスを……」とか、ぶつくさ言いながら、サンプルを破棄するところだろうが、フレミングは違った。そこに何が生えているのかを確認したくて、めちゃくちゃになったサンプルを観察してみた。

そして、カビが細菌を殺していることを発見した。

これがペニシリンの発見であった。

フレミングの事例以外にも、天才の功績をいろいろ調べてみると、とくに使命感などはなく、遊び感覚で成就されたものが多いことに気がつく。

中国の大思想家、孔子は言った。

**「知る人は好む人に勝てない。好む人は楽しむ人に勝てない」**

フレミングの習慣こそ、楽しんで、遊ぶように仕事する人が最強であることを示している。

第２章

# アイデアが湧いてくるライフハック

# 毎日5分、ひとつのアイデアを考える

孫正義（1957〜）

ソフトバンクグループ創業者・孫正義は「フォーブス」誌の日本長者番付の常連だ。2017年からは連続で第1位につけている。グループの時価総額によって順位が変動することもあるだろうが、**息の長いIT長者が少ない日本にあって異色の存在である。**

彼は19歳のとき、カリフォルニア大学バークレー校に留学し、経済学を専攻した。食事と睡眠以外のすべての時間を勉強に使っていたが、時期が悪かった。日本の父が病気で倒れてしまい、家族から送金してもらっていた毎月20万円の留学資金が途絶える恐れが出てきたのだ。

最初から留学には無理があったのだが、いよいよ自分でお金を稼がなければ家族に迷惑をかけてしまう。だが、勉強漬けの孫にはアルバイトに使う時間はなかった。

普通の人なら、勉強時間を削ってアルバイトをしたはずだ。

だが彼は、**「1日に5分だけ働いて、ひと月に100万円以上稼ぐ方法はないものか？」**と本気で考えた。友人は驚いて「バカな考えは捨てて、カフェでアルバイトしたほうが良い」とアドバイスしたが、孫は折れず、実用化を視野に入れた発明をすれば、それを企業に買ってもらえると思いついた。

そして**毎日5分だけ使って、1日にひとつ発明をする習慣**を自らに課した。

この習慣には、**考える時間は毎日5分に限ること、5分考えてもアイデアが無ければ、その日は諦めること**という2つの原則があった。毎日5分の発明を続けるうちに、発明方法にも法則が見えてきた。孫はそれを3つに分類した。

第一に**「問題解決法」**。その名のとおり、すでにある問題を見つけて、その解決法を考える方法だった。

第二に、**「水平的思考法」**。たとえるならば、大きなものを小さなものに、小さなものを大きなものに、四角いものを丸いものに変える方法だ。

第三は、**「強制結合法」**。ラジオとカセットを組み合わせると、ラジカセになるように、既存のものを組み合わせる方法だった。「強制結合法」はもっとも多く活用され、孫はこのために３００枚ものカードを作って、そこからランダムに2枚選び、結合させてみたりしたという。

この習慣を続けて多くのアイデアが集まると、その発明の中でもっとも成功の可能性が高いものを選択した。それは**「音声つき自動翻訳機」**だった。彼が大学の教授を説得してこれを開発し、シャープに売ったのは有名な逸話である。

彼の習慣で面白いのは、発明という創造的な行為に、**「毎日ひとつ」というノルマ**を設定した点だ。**「毎日5分」という時間の制限**も、集中力を高める効果がある。

一生続けることもできるし、必要な時期に良いものが生まれるまで続ける、といった使い方も可能だ。誰でもマネできる、汎用性が高い習慣だといえるだろう。

# メモから過去の知恵を借りる

## クエンティン・タランティーノ（１９６３～）

クエンティン・タランティーノは、『パルプ・フィクション』、『キル・ビル』などの代表作で知られるアメリカの映画監督である。彼はＩＱ１６０の文字どおり天才監督で、１９９４年の『パルプ・フィクション』と２０１２年の『ジャンゴ　繋がれざる者』で**２回もアカデミー脚本賞に輝いている。**

ハリウッドの超大作映画の多くは、陳腐で、誰でも展開が予想できるステレオタイプなシナリオだと、よく批判される。どこかで見たような主人公が、いかにもありそうな事件に遭遇し、ありきたりの方法で解決し、典型的なハッピーエンドを迎える、ＣＧにばかりお金がかかったつまらない映画だ、と。

しかしタランティーノの映画は、こうしたハリウッド映画の公式とまったく異なっている。**ストーリーがどう進行していくのか、観客にはまったく予測不可能なのだ。**

主人公だったはずの男が、くだらないミスであっけなく命を落とす。主人公を殺そうとしていた暴力団のボスが、同性愛者のたまり場に迷い込んでしまって、男たちに強姦される……これは第67回アカデミー脚本賞を受賞した『パルプ・フィクション』の実際の展開である。

このような、独特のブラックユーモアと意外性のあるストーリーはタランティーノ監督のトレードマークだ。

だが、このような突拍子もない展開は、**「さあ、これから映画のシナリオでも書くか」**と机の前に座って考えるだけでは思い浮かばないだろう。

タランティーノによると、彼は**聞こえてきたジョークや、友達が雑談のなかでふと口にした面白いことをすかさずメモする習慣**を持っているという。

たとえば、友人同士で集まってビールを飲みながら騒いだ後、帰宅したタランティーノはせっせと、さきほど友人が話した傑作ジョークを思い出して書き残しておくのである。

このようなメモ習慣は、彼がシナリオを執筆するうえでとても役に立つという。いくら頭が切れる映画監督でも、何もないところからアイデアをひねり出すのは不可能だからだ。
１か月前に友達から聞いた冗談、1年前のパーティーで聞いたある人物に関する武勇伝、数か月前の路上で突然思いついたアイデア……これらのメモを参照しながらシナリオを構成すれば、机の前でうなっているだけでは考えつかないような展開を作れるだろう。

この小さな習慣は、シナリオを書かない私たちもマネしてみる価値がある。

メモをとる習慣は、今のあなたが取り組んでいる仕事に、１か月前のあなたのアイデアや、１年前のあなたが聞いたことを味付けしてくれるからだ。

今のあなたが一人前の実力を持っているとしたら、過去の自分たちの体験を加えることで2人、３人、４人分の能力を一瞬だが発揮することができる。

まさに**凡人も天才になることが可能な習慣**ということができる。

# アイデアはカラフルにまとめる

## J・K・ローリング（1965〜）

『ハリー・ポッター』シリーズは、現代の出版物の中でも最も成功したコンテンツといわれる。そして原作者のJ・K・ローリングは、同作によって人生が変わったひととしても有名である。社会保障局から**生活保護と住宅手当を受給していた**彼女は「仕事中に空想ばかりしている」という理由でクビになってしまったこともある。

彼女が出版社に『ハリー・ポッター』シリーズの売り込みをはじめたとき、12社から断られたのは有名な話だ。その理由としては、「子ども向けの物語としては、あまりにも長く複雑だ」、「文量が多すぎる」といったものだった。

だが、それが出版社の間違った判断だったことは、今では皆が知っている。

さて、そのローリングは、**作品を執筆する前に、カラーペンで登場人物たちの相関図な**

**どを作る習慣**を持っている。

彼女は、『ハリー・ポッター』シリーズ以外にも推理小説を書いたことがある。このときは、容疑者は赤色、レッドヘリング（推理小説において、読者が犯人を簡単に特定できないように注意を逸らす役割を持つキャラクター）は青色という具合に、**わかりやすく区別する。**

そうやってアイデアを紙にまとめて、後でパソコンに入力するのだ。

昨今は、何でもかんでもパソコンやスマートフォンで入力して済ませようという人が多いが、アイデアを出したり、考えをまとめる際にはまだまだ紙が有効である。

**「パソコンにタイピングした人より、手で紙に書いた人のほうが頭脳活動が活発だった」**という研究結果もある。

さらに、カラーで区別することは、情報が数種類ごとに整理され、思考がより体系的になるメリットもある。小さな習慣ながら、とても有効な習慣である。

# 世の中の2年後を予測してみる

## 是川銀蔵（1897〜1992）

是川銀蔵は「**日本のウォーレン・バフェット**」といわれることもある投資家である。

彼は1981年に住友鉱山の株式に投資したが、それが大成功して2年後の**高額納税者ランキングで第1位を記録したこともある。**株式投資家として知られているが、実は不動産に投資したこともあるし、会社を設立して鉱山事業を営んだこともある。

不動産に投資したのは戦後間もない1950年末だった。彼は新聞の経済欄を読んでいて、日本政府が経済活性化のために全国的に公共事業を行うことを知る。数年以内に不動産価格が上昇すると予想した是川は不動産投資を始め、数年後に3億円を手にした。

その後、建設ラッシュによって建築資材への需要が増すと予想した彼は、1977年、日本セメントに投資した。当時の同社の株はまったく人気がなかったが、またしても予測は的中し株式は暴騰した。

是川は若いときに「太平洋戦争」を予想したこともある。各国の予算計画を調査していると、**アメリカが急激に軍事予算を拡張していることに気がついた。**日本とアメリカの戦争が近いと読んだ彼は、朝鮮に渡ると鉄鋼会社を立ち上げた。戦争が起こると、軍は大量の鉄を必要とするからだ。

是川の予測は的中した。だがその後、日本が敗戦すると会社は倒産し、彼はすべてを失うことになった。不運に見舞われ結果は伴わなかったが、近未来を正確に予測した洞察力はすごいとしか言いようがない。

彼の投資の成功例を調べていくと、株式銘柄の選択がかなり正確な予測に基づいていることがわかる。正確な予測の秘密は、投資しないときにも常に**経済の動向に目を配り、２年後の変化を予想する習慣**を持っていることだった。

とはいえ、彼が一般人が知らない情報を手に入れていたかというと、そうではない。

是川の情報源はもっぱら経済紙一紙だけだったという。

購読するのは一紙だけでも、経済関連の重要なニュースはすべて把握できるから、記事を読んだ後に、それに関連する政府の報告書や統計資料などを分析して投資に活かすのだ。

株式投資、特に長期投資は根気がいるから、退屈なイメージもあって手を出さない人も多いだろう。だが、是川のように「**どれ、2年後を予測してみるか**」とゲーム感覚を持つことで経済を勉強する動機が生じる。1年後でも10年後でもなく、2年度というのが絶妙である。10年後を予測するにはいろいろな専門知識が必要だし、1年後は短すぎる。一般に公開されている情報から、正確に予測できるスパンがちょうど2年くらいなのだろう。

彼はこう言った。

「人間には一生のうち二度や三度のチャンスはある。それを生かすか、殺すかは日ごろの努力と精進、そして理論の構築と実践を通じて日夜思考訓練を重ねているかどうかにかかっている」

投資をするつもりはなくても、**自分が携わっているビジネスを取り巻く環境の2年後を予測してみる**と、人生計画にも活かせて良いだろう。

# 自分をバカだと思ってみる

広中平祐（1931〜）

広中平祐は「特異点の解消」に関する研究で**「数学のノーベル賞」と言われるフィールズ賞を受賞した、2人目の日本人である。**

フィールズ賞の受賞資格は、**40歳以下の数学者**に限られている。これは数学が、いかに若いときにしか偉大な業績を成すことができない過酷な分野なのかを、端的に示している。まるで、年齢を重ねると引退を余儀なくされるプロスポーツのようである。

謙虚な性格で知られる広中は、事あるごとに自分が他人よりノロマで、賢くない人だと語るのだが、騙されてはいけない。誰も解決できなかった数学の難題を解いてフィールズ賞を受賞するなど、天才でなければ不可能な偉業だからだ。

では、彼が研究した「特異点の解消」についての理論はどんなものだったのか？

数学的な厳密ささえ省略すれば、比較的に簡単に説明は可能である。

たとえば、バネにライトを照らして影を作ったとしよう。照らす角度によっては、その形は「W」のような形になるだろう。三次元のバネが二次元では「W」のような形になったのである。逆に言うと、二次元の「W」を三次元に変換すると、バネの姿になる。

「W」というカクカクした形が、次元を上げることでスムーズなバネの形になったのだ。

数学でいう「特異点」というのは、この例における「W」の鋭角の部分である。広中が証明したのは、**どのような特異点も、次元が上がると無くなってしまう**ということだった。

これは多くの数学者が直感的に気づいていたことだったから、たくさんの同業者が挑戦していたが、証明が非常に困難で、成功した者はいなかった。広中はそれを証明してみせた功績で、フィールズ賞を受賞したのである。

このような難題を解決するためには、優秀な頭脳はもちろんのこと、**心の負担を軽くする工夫も大切だ。**

なぜなら、「特異点の証明」と同じく、数学の分野ではいくつかの有名な難題があり、世界中の天才たちが先を争って解決しようと競争しているからである。

現代の数学では証明のための論文が**数百ページにのぼる**こともしばしばだ。当然投資しなければならない時間も膨大である。もしその問題を証明するためだけに4年費やしたとしても、それを他人が先んじてしまえば、4年という時間はパーである。

かといって、「絶対に逃すものか！　私が世界でいちばん最初に証明してみせるんだ！」と意気込んだところで、柔軟な思考の邪魔になるだけだ。そもそも努力だけで通用する世界ではない。

そんな中で広中が実践していたのが、**難しい問題に挑戦するときは「私はバカだから……」とつぶやく習慣**である。こうすることで、自分が問題を解けないのはバカだから当然で、「もしもできたらラッキー」と考えることができて、心の負担が劇的に改善されたという。

「私はバカだから……」というつぶやきだけを見ると、ネガティブで生産性がないようだが、広中にとっては魔法の言葉なのだ。

筆者も、ベンチャー企業を起業しようという友人が、**「どうせ私には失うものはない」**と自分に言い聞かせているのを見たことがある。

本当にそう思っているかどうかは別にして、自分に保険をかけて、心の負担を軽くする自分なりの言葉を探してみるのは、小さいながら良い習慣だろう。

# 毎日インスピレーションを得る

小島秀夫（1963〜）

映画はメガホンをとる監督の名前が重要だが、ゲームの場合はそうではない。一般的なユーザーが「**〇〇監督のゲームなら間違いないな！**」とゲームを手にとることはほとんどない。

だが、小島秀夫監督は例外である。彼の手がけたゲームには、監督の個性がこれでもかと反映されている。代表作のスパイ・アクションゲーム『メタルギアソリッド』シリーズはそれまでのゲームにはなかった潜入アクションや映画のような演出で、国内外のファンから絶大な高評価を得ている。

一般的に、アクションゲームのユーザーは男性が多いが、小島のゲームはゲーマーのみならず、**普段はゲームに触らない若い女の子などにも人気が高いのが特徴である。**

彼は毎日、午前6時30分に出勤すると1時間ほど瞑想をする。そして、彼はどんなに忙しくても、**毎日デスクで1時間半は映画を観る。**この習慣は小島の父の影響らしく、彼は毎日家族と１本の映画を観るのが日課だったという。

小島のゲームに映画のような演出が多いのは、この習慣が理由だろう。

彼はもともと映画監督になりたかったが、それができずにコナミに入社した。

当時は現在と違い、ゲーム機の３Ｄグラフィックスの性能が低かったため、最初の「メタルギア」シリーズでは映画並の演出は不可能だったが、テクノロジーが彼の想像力に追いついてくると、小島は**映画の要素をふんだんに借用して、魅力的なゲームをリリースし、その分野のパイオニアとして名声を得た**のである。

似た習慣はハリウッド俳優のトム・クルーズも持っている。彼の場合は変わっていて、１日１本観るだけではなく、映画の音を消して観ることもあるという。映画の演出に集中するためだ。演出をより理解して、俳優としてさらに成長したいわけである。

彼らは自分の仕事と関係しているから、１日１本の映画を観ているが、すべての職業に映画が関係しているわけではない。

とはいえ、自分の仕事にインスピレーションを与えてくれる何かを、どんなに忙しくても摂取する習慣は、毎日続けることで自分を確実に成長させてくれるだろう。

# 子どもの遊びを仕事に導入してみる

## イヴ・サン＝ローラン（1936〜2008）

イヴ・サン＝ローランは、「**20世紀ファッション界の皇帝**」と呼ばれる人物である。**10代のころの彼の習慣は、着せ替え人形を作って遊ぶことだった**という。彼が14歳のときに作った人形は、イヴ・サン＝ローラン財団に、今も大切に保管されている。

彼はファッション雑誌から切り取ったモデルの写真に、自分で描いて切り取ったドレスやスカートなどの服を着せて、いろいろなデザインをテストした。

これをただの「**お人形遊び**」**として軽視してはいけない**理由は、彼がディオールの主席デザイナーになったのは、弱冠21歳のことだからだ。つまり彼は着せ替え人形で鍛えた実力でパリ最大のファッションブランドのリーダーになったのである。

この習慣からわかるのは、**一見するとプロフェッショナルに似つかわしくないような遊びが仕事に応用できる**ことである。

科学者のジェームズ・ワトソンとフランシス・クリックは、ＤＮＡの構造を解明するために、**子どもが遊ぶパズルのような分子モデル**を作って、それを組み合わせながら、ぴったりはまる構造を探そうとした。

彼らのライバルだったロザリンド・フランクリンは、彼らの研究方法を子どものようだと軽蔑していたが、結局ＤＮＡの構造を先に発見したのはワトソンたちだった。

Google の創業者のラリー・ペイジはレゴが大好きで、起業初期、古いパソコンを組み立ててサーバーをつくるとき、**ケースをレゴで作った。**

レゴといえば、インダストリアルデザイナーの中には製品をデザインするとき、レゴですばやくその形をつくって見せる人もいる。レゴは子供のためのおもちゃではなく、プロフェショナルたちにより実際の模型を作るために使われているのだ。

このように､子どもっぽい遊びや習慣もプロフェッショナルの仕事に役に立つケースが、たびたびある。**子供っぽいとみなされる道具や方法は、それが直感的な場合が多い。**直感的なものは創作性を刺激されるから、大人になってから離れてしまうのはもったいない。

# アイデアが欲しいときは散歩をする

## ルートヴィヒ・ベートーヴェン（1770～1827）

ルートヴィヒ・ベートーヴェンは、言うまでもなく音楽史上最も重要な作曲家のひとりである。彼はクラシックの古典派音楽を完成しただけではなく、次代のロマン派音楽の祖としての役割も果たしたとされている。

ベートーヴェンの作曲スタイルはモーツァルトとよく比較される。モーツァルトは曲を最初から最後まで一気呵成《いっきかせい》に作ってしまったが、ベートーヴェンは簡単な楽想から初めて、何度も修正を入れて曲を完成させていく手法を使った。

さらに彼は、作曲を机の上ではなく、**散歩しながら進める習慣**を持っていた。

ベートーヴェンは毎日、ランチを食べると、紙と鉛筆を持って3～4時間も散歩した。**たったひとりでウィーンの森を歩く**ことを好み、歩いているうちに曲想が頭に浮かぶと、**すかさず持っていた紙に書き留めた。**

初めてメモした曲想はかなり幼稚なものだったそうだが、彼はそのアイデアを発展させて、荘厳な交響曲を作り出した。午後の散歩は、彼にとってそれほど大切な時間だったのだ。同じくウィーンで活躍した19世紀の大作曲家、グスタフ・マーラーは、ベートーヴェンの習慣をそのまま取り入れて、ランチの後に３～４時間散歩したという。

ベートーヴェンのみならず、各界の天才の日課には、散歩が含まれていることがとても多い。それだけでも、散歩が人間の創造性を高めることがわかるが、最近では科学者もその効果を立証している。

２０１４年にスタンフォード大学の教育学部が中心となって行った研究では、座ったままよりも歩いているときのほうが、新しいことを閃いたり、物事を生み出したりするときに関わってくる「クリエイティブな能力」が、**平均して60％も高まる**ことが明らかになっている。

ビジネスマンが毎日３～４時間も散歩することは難しいが、**一駅手前の駅で降りてオフィスまで歩いたり、休日に時間をとることはできる**はずだ。ぜひ、ひとりきりで散歩しながら仕事や自分の生き方について思索を深めてみて欲しい。常に考えながら生きる人生と何も考えずに生きる人生には多くの差があるのだ。

# 感動は隠さず表に出す

## スティーブ・ジョブズ（1955〜2011）

Appleの創業者、スティーブ・ジョブズはおかしな習慣を持っていたことで有名だ。

会社のトイレの便器に足を突っ込んで水を流し、気分転換としていたし、若い時分には**「りんごを食べていればシャワーを浴びる必要はない」**という妙な信念を持って体臭で同僚を苦しめたこともある。

最も有名な習慣といえば、毎朝、鏡を眺めながら、**「もし、今日が人生最後の日なら、私はこれからしようとしている仕事をするだろうか」**と自問自答する日課だろう。

確かにこの習慣は生産的であるものの、筆者が思うにジョブズの本質を表していない。

彼が手がけてきた数々の製品から感じられる、人を感動させるほど純粋で、ミニマリスティックなデザインは、ただ生産性を追い求めるだけでは作ることはできないからだ。

筆者が考えるジョブズの本質を見せてくれる奇妙な習慣は**「常に泣いていた」**ことだ。

あまり知られていないが、彼は感情的になるとすぐ泣いていた。

若いころ、Appleを創業しようとしていたとき、パートナーのスティーブ・ウォズニアックが起業に消極的になると、ジョブズは激しく泣いた。Appleが大きくなったあとも、社員が自分の意図とは違った製品を提案してくると、社員たちの前でも泣いた。

だが、もっとも感情を露にしたのは、感動的な想像をしたときである。

彼はこう言っている。

「私はたびたび、完璧な純粋さ――純粋な霊魂と愛――の中に私がいることを感じる。そのとき、私はいつも泣く」

このジョブズの一側面は、彼が**並外れて豊かな感受性を持っていた**ことを示している。この感受性に着目すれば、ジョブズが関わった製品群が、なぜ、初めて手にとったときの感触や、直感的な操作を重視していたのかが理解できる。

私たちは、ちょっとしたことで感情的になっていた子ども時代から成長するにつれ、大人が人前で泣くことは恥ずかしいことだと「学習」していく。だが筆者は、職業により差はあれど、感動を表に出すことをためらってはいけないと考えている。

**すごいものを見て感動できない人が、すごいことをやってのけるとは思えない**からだ。

# どうせなら夢を語る

ラリー・エリソン（1944〜）

ラリー・エリソンは世界でも5本の指に入る億万長者で、シリコンバレーの企業家である。彼はデータベースの胎動期だった1970年代末、自分の有り金1200ドルを投資して「ソフトウェア開発研究所」という会社を設立した。

知人からも800ドルを集めたから、**最初の資本金はわずか20万円ほど**ということになる。吹けば飛ぶような零細企業だったが、この会社は後に「オラクル」と改名し、アメリカで2番めの売上を記録する巨大企業に成長した。

彼が成功できた理由のひとつは、若いころから「どうすれば大金を手に入れることができるのだろうか？」と考え続けたことにあった。またエリソンは、黎明期にあったコンピュータ技術に着目し、それを利用して紙媒体の記録をコンピュータに貯蔵するシステム、今では珍しくもないデータベースを商用化した。

彼は小さな会社のサラリーマン時代から、将来自分が起業を成功させ、大富豪になることを確信していた。だから車は誰よりも高いモデルを買い、食事も豪勢なものを食べた。彼は友人とコーヒーを飲みながら、**「大金を稼いだら、どのビルを買おうか」と夢物語を話す習慣**を持っていた。時間さえ見つけては、会社の同僚と何をしてお金を稼ぐか議論し続けた。当時の同僚たちは後にエリソンが起業した会社に入ることになる。

エリソンの私生活は清廉潔白とはほど遠い。

贅沢な生活や複雑な女性関係は、後世に伝記として語り継ぐ者を困惑させるだろう。性格もだらしなく、女性をナンパするために、政府高官との会議に遅刻したこともある。だが、自分の夢に確信を持って、しつこくそれを追求する姿勢には学ぶべきところがある。恥じらわず、自分の夢を率直に語るのは、間違いなく良い習慣である。

筆者は「口に出すことで思考が現実を引き寄せてくれる」などといったオカルトを信じてはいない。だが、**いろいろな人と夢という問題設定について話していれば、それを実現する方法が見つかるかもしれない**とは考えている。

これまで、休憩時間や食事の席で会社への愚痴や、社会への不満などを語る人を多く見てきたが、それよりは自分の夢について話すほうが、時間が有意義なものとなるだろう。

# 何よりも見せ方を工夫する
## トーマス・エジソン（1847〜1931）

かっこいいプレゼンテーションといえば、多くの人がスティーブ・ジョブズを連想する。Appleの新製品を発表するとき、大勢の観衆の前で新しい製品を劇的な演出で見せてくれるジョブズのテクニックは、今やビジネス・プレゼンテーションの見本となっている。

だが、このようなプレゼンテーションの元祖はジョブズではない。

意外だが、**発明王として知られるトーマス・エジソンなのである。**

実は、彼が発明の代名詞のような存在になったのも、彼の広報テクニックに依るところが大きい。よくよく調べてみると、**彼が完全に自力で発明品を作り出したことは一度もないのである。**

読者はジョセフ・スワンという人を知っているだろうか？　聞いたことがないだろう。

実は現代のような形の電球を発明したのは、エジソンではない。ジェームズ・リンジーという人が1835年に発明した原始的な電球を、ジョセフ・スワンが1860年、現在のような形に完成させたのが、私たちがよく知る電球である。

ではエジソンは何をしたのか？

彼がしたことといえば、**竹を利用したフィラメントを使うと、スワンの電球の寿命が延びる**ことを発見しただけである。しかもこれはスワンとの共同研究であり、どう考えても電球の発明には、エジソンよりもスワンの貢献が大きかったと言わざるを得ない。

では、なぜ私たちはスワンという大発明家の存在すら忘れ去っているのだろうか？

それは、エジソンがプレゼンテーションと宣伝が抜群に上手で、大衆の記憶に自らを刻みつけたからである。スワンはおとなしく実験に没頭していただけで、印象的なプレゼンテーションで自分の発明品を宣伝したことはない。

竹のフィラメントを発見するまでは、エジソンが実験していた電球は長時間光り続けることができなかった。その時間は5分に満たず、これでは商用化は不可能であった。

しかしエジソンは、ひとりの記者を研究所に招待する。

そして自分の電球を光らせてみせ、4分くらい経ったころに記者を外に連れ出した。

「あの電球はどれくらい長く光を出せるのですか？」

記者が質問すると、エジソンは平然と答えた。

**「半永久的です」**

なぜこのような嘘をついたのかというと、エジソンの名前が新聞に大きく報道されれば、多額の投資を受けられるからであった。彼はひとりで発明をしていたわけではなく、大勢の社員たちとともに作業していた。優秀な人材を雇うにはお金がかかるのだ。

彼が**常にかっこいいプレゼンテーションを追求する習慣**を持っていたのも、これが理由だった。話題になると、お金が集まるからだ。

やがて、エジソンが率いる研究所は、竹を利用した炭素フィラメントを使えば、電球が日常生活で使えるほど長く光ることを発見した。

ここからが、発明王ならぬ宣伝王、エジソンの腕の見せどころだった。

一般的な方法としては、記者たちを集めて電球をお披露目する発表会を開くところだったが、エジソンはもっと劇的な効果を狙った。

ある街のあちこちに電球を設置して、夜になったらその電球をつけ、街を煌々と照らすというイベントを決行したのである。夜になれば真っ暗になっていた時代に、これはとても印象的な光景である。

狙い通り、全世界から注目を集めることに成功した。

前述したように、同時代に電球を研究していた発明家は無数に存在した。スワンの発明はとっくに知られていたし、あとは、**誰が長く光る素材を見つけるかの競争**だった。エジソンは誰も考えなかったものを作り出したのではなく、巧みな広報戦略で投資を呼び込み、優秀な人材を使ってその競争に勝利した企業家なのである。

エジソンの事例からもわかるように、ビジネスは成果をあげること以上に、それを印象的に見せる工夫を忘れてはならない。

周囲に強い印象を与えられれば、同じ能力を持つ他人に一歩先んじることができるのである。

# ヒットコンテンツの秘密を探る

菅野よう子（１９６３〜）

菅野よう子は日本が誇るアニメ音楽の巨匠である。

『マクロスプラス』や『カウボーイビバップ』といった、海外で人気の高い名作アニメの音楽を手がけているため、日本国外でも知名度が高い作曲家である。彼女の名前を知らない読者も、その音楽はバラエティ番組や報道番組のＢＧＭとして広く使われており、知らず知らずの間に親しんでいるはずだ。

昨今ではＮＨＫの連続テレビ小説『ごちそうさん』や大河ドラマ『おんな城主 直虎』などアニメ以外の分野でも活躍の場を広げている。

菅野は早稲田大学在学中にバンド活動をしており、たびたびバーなどで演奏する機会があった。そんなとき、決まってマイケル・ジャクソンやマドンナなど、**当時のヒットソングを演奏するように頼まれた。**

彼女はこのような有名な曲を何度も演奏するにあたり、その曲の**どのような部分が人を気持ちよくするのかを、分析しながら演奏することを習慣づけていた**という。

その習慣が活きているのか、現在も、何より意識しているのは、「人を飽きさせないような工夫を盛り込む」ことだという。

『カウボーイビバップ』の監督、渡辺信一郎は初めてデモテープを聴いたとき、「本当にひとりの人が作ってるの？」と驚愕し、『∀ガンダム』監督の富野由悠季も「これがひとりの女性の仕事なのか？」と同様の発言をしている。

それもそのはず、菅野のスタイルはクラシックからロック、テクノ、アイドル音楽まで、洋の東西を問わず**さまざまなジャンルの「人を気持ちよくする」要素**を巧みに取り入れたものなのだ。

「他の作品をパクっているだけじゃないか」と見る向きもあるかもしれないが、盗用と模倣は似て非なるものである。**良い見本があればそれを徹底的に分析**して、その要素を自分に取り入れるのはまったく恥ずかしいことではない。

例えば周りからの評判がよい友人がいれば、彼がどのような面で評価されているのか、分析してみると良い。自分に活かせる要素がきっと見つかるはずである。

# 困ったときのフレームワークを持つ

ダン・ハーモン（1973〜）

ダン・ハーモンは**エミー賞に2回ノミネートされた経験**を持つ、アメリカの放送局NBCの作家である。

日本での知名度はそれほどでもないが、人気シチュエーション・コメディ『コミュニティ』やSFコメディアニメーションシリーズ『リック・アンド・モーティ』で人気を誇っている。

彼は**ストーリーを考えるとき、良いアイデアが浮かばないと次ページのような絵を描く習慣**を持っている。これは彼がたくさんの映画を観て研究した、「良い物語」の基本構造である。

「物語サークル」と呼ばれるこれは、作家たちの間で好評を博した（人によっては『物語胎児』と呼んだりする）。特に彼の専門分野であるコメディにふさわしい構造といえる。

たしかに思い返してみると、「面白い」と感じられる物語は、共通の構成をとっている。

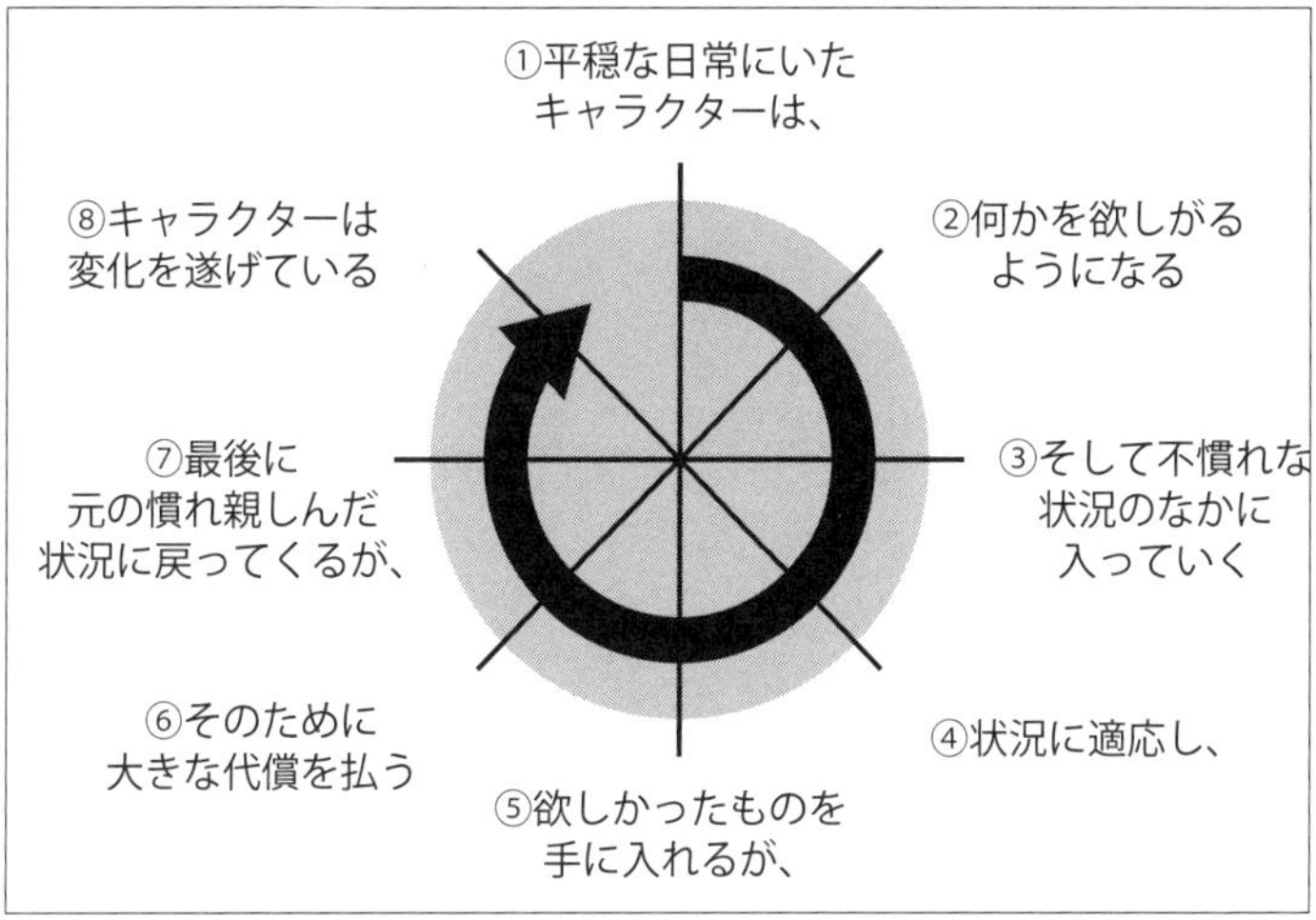


さて、ハーモンの習慣のポイントは、彼が**仕事で壁にぶつかったときに、真っ先にしなければならないことを記憶している**という点である。

たとえば、ポップの分野の作曲家たちは、歴代のヒットソングに使われているいくつかのコード進行を記憶しており、曲が思い浮かばなければそれを引っ張り出してくる習慣を持っていることが多い。

このように多くのクリエイターには、**行き詰まったときに試してみるフレームワークが準備されている**から、アイデアが降ってこなくても思考停止に陥らずに済んでいるのである。

私たちの日常、たとえばコミュニケーショ

ンでもこのようなアプローチは有効である。

筆者の知人は、初対面の女の子と何を話せば良いかわからなくなってしまったとき、まずは**自分と相手が一緒にいる場所についての話**をするという。それがカフェであれば、その内装やメニューについての話を振るのである。

相手が自分との会話に少し慣れてきたら、**自分か相手についての話題**に移る。たとえば、さきほどカフェのメニューについて話をしていたとしたら、自分が持っているエスプレッソマシーンについて話したり、相手のお気に入りのコーヒーは何か聞いてみるのである。

定石としては、**自分の話を少ししたあとに、相手についての話題に移る**のが良いという。自分についての情報を開示した後に、オープンクエスチョン（二者択一ではなく、広い選択肢がある質問）をすると、相手が気を許し、たくさん話してくれるからだ。汎用性の高いコミュニケーション・フレームワークなので、筆者はそれを印象深く記憶している。

このように、仕事や日常で「**壁にぶつかった時に使うべきフレームワーク**」を準備しておけば、頭を抱えてしまうような事態は滅多に起こらないだろう。

第３章

# 仕事の生産性を上げるライフハック

# 身近な人に客観的な意見を聞く

エンリオ・モリコーネ（1928〜）

映画雑誌で「史上もっとも偉大な映画音楽作曲家」といったランキングが発表されるとき、たいていはジョン・ウィリアムズ（『スター・ウォーズ』など）とエンリオ・モリコーネがツートップを形成する。

ローマ出身のモリコーネは、『ワンス・アポン・ア・タイム・イン・アメリカ』など、セルジオ・レオーネ監督とのコンビで頭角を現し、『アンタッチャブル』でグラミー賞を受賞、アカデミー賞にも6回ノミネートされている。現代を代表する映画音楽の巨匠と言っても反論の余地はないだろう。

そんな彼にも、一風変わった習慣がある。

**曲を作ると、まっさきに妻に聞かせるのだ。**

モリコーネの妻は、映画監督よりも先に曲を聴き、曲調の良し悪しから映画の雰囲気に合っているかどうか、など、さまざまアドバイスを送る。ときには、映画監督がどの曲を使おうか迷っているとき、彼女がそれを決めさせることすらあるという。

なぜモリコーネは妻の意見を重視するのだろうか？

彼は誰よりも映画音楽を知る巨匠ではなかったか？

その理由は、**どんな仕事をする人でも、自分の成果物を客観的に評価することはできない**からである。たとえば、料理をしている人は、数時間その匂いを嗅ぎながら作った料理の味を正確に評価することはできない。

だから、第三者の冷静な意見を必要とするのだ。

しかし、仕事上の関係者や、上下関係がある者に意見を聞いても、「あぁ……良いんじゃないでしょうか」と当たり障りのない答えが返ってくることが多い。だからこそ家族など、**忖度なしに「素直な意見」を聞かせてくれる人**が必要なのだ。

モリコーネは長年の映画界への貢献が認められ、２００７年にアカデミー賞特別功労賞を受賞している。壇上では、「このオスカーを、大いなる献身と愛情を持って、長年自分の側に常にいてくれた妻のマリアに捧げたい。マリア、君への想いは変わらない」と、愛妻への感謝を表している。

# 苦労をせずに結果を出す方法を考える

鳥山明（1955〜）

韓国にリ・ゾンリョンという人物がいる。1960年生まれの彼は、事業が失敗して2000年に倒産してしまい、3億5000万ウォン（ざっと3500万円くらい）の借金だけが残された。**40歳にして失職してしまった彼には、返済不可能な金額だった。**

ゾンリョンは再起を諦めて、1年間飲み歩き廃人のような日々を過ごしたが、2001年に一念発起し、借金を返済するためのアルバイトを始めた。今さら就職はできなかったから、7個のアルバイトを掛け持ちして、一生懸命にお金を稼いだ。

1日に2時間ほどしか睡眠をとらず、働き続けると1年で500万円を稼ぐことができた。そんな生活を続け、2008年10月、彼はついに**アルバイトだけで借金を全額返済したのである。**

勤勉な彼の生き方は話題となり、テレビ番組にも出演し「アルバイト王」というあだ名がついた。出版社からもオファーが届き『３億５０００万ウォンの戦争』という本まで執筆した。最悪の状況でも一生懸命に生きたゾンリョンだが、思わぬ結末が待っていた。過労の影響もあって２０１２年に大腸がんにかかり、２年後には54歳で帰らぬ人となってしまったのだ。

ゾンリョンの生涯の教訓は、努力・勤勉さがすべてではないということだ。懸命に働くのも良いが、**人間の体には限界がある。**仕事を完璧にこなしたい気持ちは誰にでもあるが、予算と締切にも限界がある。

だからこそ、働くときには要領の良さが必要だ。

「最小の努力で最大の結果を出す方法はないか？」と自分に問いかけなければならない。

『ドラゴンボール』で有名な漫画家・鳥山明は、誰もが認める「漫画の神」だが、彼は努力だけで現在の評価を得たわけではない。鳥山はいつも**仕事を簡単に終える方法を考える習慣**を持っていた。

『ドラゴンボール』はたいてい地球侵略にやってきた異星人たちが、核兵器以上の強力なエネルギーで、都市という都市を破壊してから主人公たちと戦闘をはじめるが、それは鳥山が**建物などを描くのが面倒だから**である。

未来都市の細部にこだわって描写していては手間がかかって仕方がない。都市が完膚なきまでに破壊されていれば廃墟を登場させれば良いし、異星人たちの残忍性とパワーを読者に印象付けられることもできて一石二鳥である。

そして主人公の孫悟空などが「超サイヤ人」になると、髪が一瞬で白くなる（アニメでは黄色だが漫画では白である）が、これも**髪に色を塗るのが面倒だから**だ。漫画家の労働量を減らし、なおかつ主人公の変身とパワーアップを効果的に描ける工夫だ。

孫悟空たちは異星人に敵わないと、「精神と時の部屋」という異空間に入って修行を行う。設定によると、ここは一切の物体がない他の次元の空間である。つまり……もうおわかりだろう。**背景を描く必要がない**のだ。

もちろん、鳥山明が怠け者だと言いたいわけではない。

彼はある意味、誰よりも努力してきた漫画家だ。「週刊誌連載」という殺人的なスケジュールに対応するために、生産性を高めるための努力をしてきたのだ。

努力と勤勉がすべてではない。何をするにしろ「**これをもっと簡単に済ませる賢いやり方はないか？**」と考える習慣を持っていれば、最小の努力で最大の結果を出せるはずだ。

# 寝る前に次の日の仕事を始める

デミス・ハサビス（１９７６〜）

デミス・ハサビスは、**初めて囲碁で人間に勝利した人工知能「AlphaGo」を開発したDeepMind の創業者である。** AlphaGo の意義は、それが囲碁をするだけではなく、「ディープラーニング」というアルゴリズムを利用してコンピューターに学習させて、いろいろな分野で活躍させることができるという点である。

それまでの人工知能は、ＡＩを自称しているものの、人間とは違い、かなり原始的な思考方法にとどまっていた。

たとえばチェスができる人工知能は、チェス盤の上で展開されうるすべての一手を、コンピューターが高速で計算する方法だった。チェスの展開はそれほど選択肢が多くなかったので、このような方法でも対応できたが、囲碁のように膨大な選択肢があるゲームには対応しきれなかった。

なにより問題は、この人工知能が**チェスのプレー以外の機能を持たないことだった。**

つまり、本物の人工知能と言えるものは、ハサビスと彼の会社DeepMindによって誕生したのである（2010年に研究所として設立された同社は、2014年にGoogleに5億ドルで売却された）。

人工知能革命の端緒を開いた彼は、**21世紀に登場した最高の天才のひとりだろう。**

そのハサビスの生活習慣には面白い点がある。

彼は、**夜寝る前に、次の日の仕事に少しだけ手をつける習慣**を持っている。

夜型人間の彼は、午前4時に寝て午前10時に起きる。そして自分の会社に出勤すると夜まで働く。帰宅して夕食をとり、家族との時間を過ごすと、午後10時〜11時になる。

彼はそれから自分の部屋で次の日の仕事の準備をする。

人工知能分野の最先端の論文を読むなど、もっとも頭を使う仕事をこの時間にこなすのだ。彼はクリエイティビティが必要な仕事を、深い夜の静かな時間にすることを好む。彼はこれが、自分の頭の働きに最適な日課だという。

筆者の推測では、「寝る前に、少しだけ明日の仕事のことを考えてみよう」と始めた習慣を続けるうちに、本格的に働くようになったのではないか。

ある研究によると、悩んでいる問題について考えている途中で寝ると、起床後にそれを解決することが容易になるという。

あえてこの研究結果に言及しなくても、朝に出勤してデスクの前に座って**「いったい何から手をつけようか……」**とげんなりした状態は誰でも経験があるだろう。

このようにならないための良い方法が、夜に寝る前に、少しだけ明日の仕事のことを考えることである。ハサビスのように本格的に取り組まずとも、明日の仕事についてのタスクをメモに書き出しておくだけでも良い。

これで仕事を朝に始めるのではなく、寝る前に始めているという意識付けができる。翌日の朝へ向けて「仕事の連続性」が高まり、モチベーションを高める効果が期待できる。

# ダメなものはダメだと言う

リーナス・トーバルズ（1969〜）

リーナス・トーバルズは、ビル・ゲイツのライバルとして知られる人物だ。

なぜなら世界のコンピュータのOS（オペレーションシステム）市場をWindowsと二分していたのは、彼が作った無料OSのLinuxだからだ。

**実は今では、Linuxのシェアが Windowsを超えている。**スマートフォンなど、ほとんどのモバイルデバイスには、Linuxが使われているからだ。ゲイツが「有料ソフトウェアの王様」だとすれば、トーバルズは「**無料ソフトウェアの帝王**」だといえる。

Linuxはトーバルズがすべてを作ったのではなく、たくさんのプログラマが参加したオープンソースのプロジェクトである。トーバルズはその最高責任者として働いてきたのである。

ソースが公開されているから、理論上は誰でもLinuxのコードに貢献することはできる。

だが、凡庸なプログラマが参加することは難しい。

トーバルズが、**気に入らない仕事をする者には容赦ない罵声を浴びせる習慣**を持っているからだ。コードに欠陥があったり、気に入らない部分があったりすると、それを作った人の気持ちなどは考えずに、手厳しく批難してしまう。

相手は気分を害するだろうが、Linuxの機能を犠牲にするよりは、ひとりの人間の気分を悪くしたほうがマシという理屈だ。

トーバルズの毒舌は、問題が大きければ大きいほど、その表現も過激になる傾向がある。「お前はアホか？」「ちきしょう、私はお前が作ったバカなコードに呆れた」などはおとなしいほうだ。

不便なユーザーインターフェイスを作った開発者たちには、「**こんなものを作った開発者は自殺したらどうだ？　この世のためにはそれが良いだろう**」とまで言ったことがある。

残念ながら、このような習慣は大成功した経営者に散見される。

ビル・ゲイツは仕事で手を抜いた部下に「**早く終えろ！**」と大声で叫んだり、気に入らない成果を見ると「**これは俺が直接やったほうがマシだろうな**」などを皮肉を言ったりした。

2018年にビル・ゲイツを超える世界一のお金持ちになったアマゾンの会長ジェフ・ベゾスも毒舌で悪名高い。会議でつまらないことを言う人には「君はなぜ私の時間を浪費しているのだね?」、会議のプレゼンテーションが退屈だと、「君のプレゼンテーションを見ていると、自殺したくなる」などと平気で口にする。

このような発言自体は論外だが、京セラ創業者の稲盛和夫の言葉に、**「小善は大悪に似たり、大善は非情に似たり」**というものがある。

結果に不満を覚えながらも「お疲れ様でした」「いいですね~」などと繰り返していては、人間関係は円滑になるかもしれないが、仕事の結果はめちゃくちゃになっていく。

これこそ、「小善が大悪に似」るということだ。

何かが間違っていれば、気分を害されることは承知のうえで、指摘しなければならない。だから「大善は非情と似た」と言えるのである。

もちろん、トーバルズたちのような毒舌は人権侵害の範疇だから、学ぶ必要はない。だが、読者の中で部下の上に立つ人がいたら、**仕事の結果を素直に評価する習慣**だけはすすめたい。それを徹底するだけでも、成果は大きく違ってくるはずだ。

# まったく違った代案を作ってみる

サム・ライミ（1959〜）

サム・ライミは、『スパイダーマン』シリーズや『死霊のはらわた』などで有名なハリウッドの映画監督である。彼は若いころは低予算のホラー映画の作り手として注目されていた。**お金がないから、予算の不足は発想で克服した。**

たとえば『死霊のはらわた』では、死霊が主人公たちに突進してくる場面があるが、ここでライミは死霊の視点から主人公たちに迫るカメラワークを使っている。死霊の視点から主人公を見るというのは、当時はとても新鮮なアイデアだったが、これも単純に演出予算の不足から考案した苦肉の策である。

というのも、**死霊の目から見る場面ならば、特殊メイクをした死霊を登場させなくて済むからだ。**このようにB級映画で実力を認められていった彼は、ついにはハリウッドのブロックバスター映画を監督するまでに成長した。

ライミの映画作りには、独特な習慣がある。

彼は**2人のエディターを使って、それぞれ編集したバージョンを比較しながら、映画を完成させるのだ。**映画編集といえば、撮影したフィルムをカットして実際の映画を完成する、最も重要なプロセスのひとつである。

2人のエディターはまったく協力し合うことなく、自分のポリシーに基づいて映像を繋いでいくから、編集が終わると、**まったく作風が異なる2つのバージョンの映画が完成する。**2つを比較してみると、あるシーンではこちらが、あるシーンではあちらが秀逸、ということになる。

ライミはその2つから優れた場面を選択していって、最終バージョンを完成させているのである。**あらゆる場面に代案があるから、妥協することなく良い映画を追求できる**のである。

この習慣は映画作りという特殊な分野の事例だが、常に代案を用意しておく習慣は、一般人にとっても役に立つ。

どんなに良いと自分が信じたプランにも、いちおう代案を用意して比較・検討してみるプロセスをもうければ、妥協のない仕事につながっていくだろう。

# 本はノートのように使い倒す

## アイザック・ニュートン（1642〜1727）

科学雑誌の企画として、科学者を対象にした**「歴史上もっとも偉大な物理学者は？」**といったアンケートを配り、結果を誌上で発表するものがある。こうしたランキングにどれくらいの意義があるのかは別にして、いつだって第1位に入るのはアイザック・ニュートンか、アルベルト・アインシュタインである。これだけは不動である。

そして、専門家ほどニュートンがより重要だと指摘する。

では、彼は何をしたのかというと、一言で言えば**「古典力学を完成した人物」**である。古典力学は、私たちが目にしている物理現象をすべて説明することができる理論である。

だから、ニュートンが『プリンキピア』という著作でこの分野を完成させたあとは、科学者たちの間では**「物理学にこれ以上研究する余地は残っていない」**という見解が支配的だった。アインシュタインやニールス・ボーアなど後世の科学者たちが研究したのは、光速の世界や微視的なもの、ブラックホールなど私たちが感じられない分野である。

ニュートンの業績は力学にとどまらず、光学への貢献もある。

現代の私たちは、光の色がR（Red）・G（Green）・B（Blue）の3種類の合成で作られていることを、パソコンの画面設定などを通じてよく知っているが、これもニュートンの功績である。当時は色と光が同じものなのか、論争があったが、それに終止符を打ったのがニュートンである。

また、数学の分野では微分・積分を発見したという業績もある。微積分は「極限」などの概念を、数学的に証明しなければならないが、**彼はそれを直感だけで作り出し、発表もせずに密かに自分だけで計算に活用していた**というから驚きである。

彼は『プリンキピア』を書くときも微積分を使って計算していたので、発表時には幾何学的な方法で計算し直して発表した。

さて、イギリスの王立協会図書館には、ニュートンが読んだ本が保存されており、私たちはそれを通じて、**彼の読書に関する習慣**を知ることができる。

読書中に重要だと思った部分に印をつけるために、本のページの角を折ることは、一般にドッグイヤー（犬の耳）という。読者も活用していることだろう。

ニュートンが型破りだったのは、ただの犬の耳ではなく、**犬の耳の先が彼が重要だと考えた文章や単語を指すようにページを折った。**当然、耳の大きさはまちまちで、ページの半分以上を覆うような大きさのものもあった。

また、本の余白に自分なりの索引を作るなどしている。

索引は主題別に、そしてアルファベット順になっていたから、自分にとって重要な部分をすぐに探し出すことができるようになっていた。この習慣からは、ニュートンが本を「いつまでも保存しておきたい大切なもの」ではなく、**「仕事のための道具」**と捉えていたことがわかる。

私たちも、本を必ずしもきれいにつかう必要はない。さまざまな色のペンで書き込んだり、付箋だらけにしたり、**自分が読み返したときもっとも情報を取り出しやすい形で使って良いのだ。**

本を書いた筆者としても、きれいに読んでそのまま本棚で眠らせているより、ニュートンのようにしてくれるほうが嬉しい。

# 理念は自分が率先して取り入れる

インクヴァル・カンプラード（1926〜2018）

**「世界で生産される木材の1%は、イケアの家具を作るために使用される」**という記事を見たことがある。イケアがどれだけ多くの家具を販売しているかを示す、わかりやすい統計である。一社の木材消費量としては驚異的な数字だ。

同社の家具の特徴は、価格は比較的リーズナブルでありながら、デザイン性と実用性に優れているという点である。低価格の秘密は、製造コストを下げるために、すべての家具を組み立て式にして、消費者が直接、部品から組み上げるシステムにある。

そして部品は倉庫での保管や運搬に適した形にモジュール化されて梱包されており、とても効率的だ。すべてのラインでこのようなコスト管理がなされているから、イケアは低価格を維持することができているのだ。

そのイケアの創業者がインクヴァル・カンプラードだが、こんな言葉を残している。

**「１０００ドルの机を作ることは難しくないが、品質とデザインが優れる50ドルの机は、最高の企業だけが作ることができる」**

イケアの家具を「品質が低い」「使い捨ての家具だ」と論難する人もいるが、イケア以外の企業に、同社の品質と価格で家具を販売することができる企業が存在しないことも事実だ。高級志向のユーザーの満足は得られないかもしれないが「予算がそれほどないが、デザイン性の高い家具が欲しい」と考えている、若い男女などはイケアの家具で大満足である。

カンプラードは、これを「**民主的デザイン**」と呼んでいた。

イケアは前述したように、製造・運搬・管理すべてのコストを節約して低価格を実現しているわけだが、節約はこのカンプラード自身の習慣でもあった。彼は世界第7位にランキングされたほどの億万長者だったが、信じられないほど質素な生活をしていた。

まず彼は、**出勤と退勤に電車を利用する。**自家用車も持っているのだが、それは１９９３年に購入した１５００ドル程度の「ボルボ２４０」だけだ。

オフィスの椅子も、実に30年以上使っていた。**お茶を飲むとき、ティーバックは必ず2回以上使った。**そして――これは当然かもしれないが――家具はすべてイケア製である。

そしてレストランに行くと、塩や胡椒などの小さな包みを持って帰ってきた。極端なまでに質素倹約を意識しながら生活していたことがわかる。

興味深いのは、**今は亡きカンプラードの理念が、会社のすみずみに行き渡っていた**ことだ。イケアの、家具の生産から販売まで、すべての業務に適用される原則も「節約」なのだ。

創業者が死ぬまでこうした生活を送っていたのだから、社員たちもぜいたくに経費を使わないのは当然である。出張にはエコノミークラスを利用し、安いホテルに泊まる。それでも従業員たちから不満が出ないのは、会社のトップ自らが、そのような生活をしていたからである。

カンプラードが、世界第7位の富豪にふさわしく、毎日のようにミシュランで星をとった高級レストランで食事をし、自家用ジェットであちこちのリゾートに旅行をし、家にはイケアの家具がひとつもなかったら、同社は今のような経営を維持するのは難しかっただろう。

読者が、組織や部下、家庭でなにかひとつの理念を浸透させたいと願うのであれば、まずは**自分が、極端なまでにそれを実践し習慣化しなければいけないのだ。**

# ２つ以上の仕事を同時に処理する

## カール・マルクス（１８１８〜１８８３）

カール・マルクスは、**20世紀の世界に最も強い影響を与えた人物だといわれる。**

それは彼が経済学を、資本家の立場からではなく労働者の立場から考察し、資本主義の持つ根本的な問題を言い当てたからである。

共産主義が社会実験として失敗したことから、過去の遺物のような扱われ方をすることもあるが、実は現代の各国で導入されている社会福祉制度などはマルクスの思想の産物である。彼が生きた時代は、労働者の権利などまったく存在しない、極端な資本主義が人々を苦しめていたのだ。

マルクスが働くときの習慣は、かなり変わっている。

彼はひとつひとつの仕事に順番に着手するのではなく、**ある仕事を半分ほど終えると、別の仕事に手をつけるのだ。**混乱してしまいそうだが、マルクスはこのやり方を楽しんでいたらしい。2つの仕事について同時に考えていると、頭を休めることなく忙しく動かさなければならないからだ。

この混沌とした働き方を好んだ彼は、何かを考えるときには**デスクの周りを激しく歩き回った。**アイデアが浮かぶと、慌ててデスクに戻ってそれを書いた。こんな調子だから、仕事がひとしきり終えると、ヘトヘトになってしまうのが常だったという。

「ひとつひとつの仕事に集中したほうが良いのではないか」と疑問に思う読者もいるかもしれないが、この働き方だけが正解ではない。マルクスの習慣からもわかるように、いくつもの仕事を同時に進行させたほうが効率が良い場合もある。

読者もひとつの**プロジェクトの終わりに近づけば近づくほど能率が落ち、思考力が鈍った**経験はないだろうか。いくつもの仕事を同時に展開し、頭をマルチタスクにして集中力を得るというのもひとつの方法だろう。

# 状況によりコンテンツを変化させる

## ジェイムズ・ヘットフィールド（1963〜）

世界的なロックバンド「メタリカ」のギタリストのジェイムズ・ヘットフィールドは、バンドの作曲への貢献度がもっとも高いメンバーである。メタリカの楽曲は複雑な構成をとっており、ジャンルのレベルを進化させたバンドとしてロック史に名を刻んでいる。

面白いのは、彼が**コンサートで曲をアルバムと同じようには演奏しない習慣を持っていることだ。**

複雑なメロディの進行は、演奏がシンプルなアルペジオに変更するなど、簡単に演奏ができるようにアレンジしたバージョンを使用する。コードが同じなら観客の耳には同じ曲に聞こえるため、問題ないからだ。

メタリカの曲はロックの中でもかなり複雑な部類であり、ヘットフィールドはボーカルも同時にこなすため、複雑な原曲をそのまま演奏せずに安全策をとっているのだ。

彼の習慣から学べることとは、**同じ内容も形式によって最適の形をとらせる必要がある**ということだ。アルバムはスタジオで録音するコンテンツであり、コンサートは大勢の人々の前で演奏するコンテンツである。スタジオでは可能な演奏がコンサートでは難しい場合もある。コンサートの曲とアルバムの曲とが少し違うのは、このような理由があるのだ。

たとえば読者がビジネスで企画の提案書を書いたとして、それをプレゼンテーションをするときに、同じ内容を読み上げる必要ないだろう。

提案書ではデータの根拠を厚めに提示したほうが説得力を持つことが多いが、プレゼンテーションでは、データを羅列しても相手が退屈に感じてしまうから、ひとことで提案の内容を表したほうが良いかもしれない。

同じ内容でも場合により、異なる形をとらせる必要があるのである。

# 相手を言い負かす技術を知っておく

## アルトゥル・ショーペンハウエル（１７８８～１８６０）

学者の世界というと、おとなしい人たちが自分の好きな分野の勉強ばかりをしている世界に見えるが、実際はそうではない。ほとんどの学界では、**自分が正しく、相手が間違っていることを証明するための戦闘が常に行われている。**

ときには、正しい主張しているのにもかかわらず、論争の技術が足りずに相手に負けてしまい、恥をかくこともあるが、これは本当に悔しいことだろう。

学者の世界ではなくても、論争は社会生活を送っていれば誰でも経験することである。論争に負けてストレスを感じることもあれば、実害を被ることすらある。とにかくロクなことがない。

ドイツのアルトゥル・ショーペンハウエルは実存主義の先駆けといわれ、あのニーチェに影響を与えた哲学者だが、相手との論争に勝つための技術を収集する習慣を持っていた。

彼のメモが現存しているのだが、ポイントは論理的に正しいことばかりではなく、自分が追い詰められたときに詭弁で言い逃れる方法や、相手を困らせるためだけのテクニックなども書かれていることだ。

その内容を少し紹介してみよう。彼のメモには具体的な事例が書かれていないケース、書かれていても同時代の人しか理解できないケースもあるから、説明と事例は筆者が追加したものだ。

**・相手の意見を利用する**

たとえば、相手が日本社会について手厳しく批判していたら、「では、あなたはなぜ日本から出ていかないのですか？」と言い返す。よく考えると論理的ではないのだが、見かけ上は相手をやりこめているように映る。

**・相手の主張を拡大解釈する**

たとえば、「仮想通貨は問題だらけだから、規制する必要がある」と相手が主張したら、「新技術を全否定していたら、社会はどうやって発展するのですか？」と反論する。相手は仮想通貨の問題に絞って発言しているのだが、ここではそれを「新技術」にまで拡大して話題をそらすことに成功している。

**・相手の主張をカテゴライズする**

「それは『観念論』ですね」「それは『疑似科学』ですね」などと相手の主張をカテゴライズすることで、相手の主張が偏見に基づいていると見せかけられる。

**・論争の進行を邪魔して話題をそらす**

たとえば、「それは枝葉の問題だから、もっと核心の部分について話しましょうよ」などと提案することで、負けを認めずにスムーズに議論の土俵を変えられる。

**・相手の主張ではなく人格を攻撃する**

これは性犯罪の加害者を担当する弁護士がよく使う技術なので、裁判を題材とするエンターテインメント作品にもよく登場する。被害者に向かって「あなたは過去にキャバクラで働いていたことがあるでしょう?」「昔から被告と親しい関係でしょう?」などと、よく考えると事案とは関係のないパーソナルな情報を使って相手の信頼性を下げる。

**・理性ではなく権威にアピールする**

「アインシュタイン曰く……」「ソクラテスはこう言いました」などと、過去の偉人の言動を引き合いに出すことで、自分の主張をもっともらしく見せる。アインシュタインが、自分と同じ文脈で発言したのかどうかは問題ではない。勝つために彼らの力が借りられるのだから。

これらのテクニックのほとんどは論理的ではなく、詭弁の類いではあるが、ショーペンハウエル自身も「論争の技術は論理学とは別の分野である」と書いている。

率直に言って「ずるい」技法ばかりだが、自分の利益のためにこれらを悪用するのではなく、自分の正しい主張が無下にされないために知っておいて損はない。

また何より、**これらの技法が頭に入っていれば、それを使ってくる相手の主張を鵜呑みにしなくて済む**というものだ。

# 小さなヒントから全体像をつかむ

## ジョセフ・ベル（１８３７〜１９１１）

ジョセフ・ベルはエディンバラ大学医学校の教授を務めた19世紀の医者だ。名前だけでは誰のことやら、という読者ばかりだろうが、しばし我慢して読み進めて欲しい。彼は診断が極めて難しい病気も正確に見抜いてしまう、天才的な能力を持っていたから医学界ではかなり有名な人物だった。

ベルの診察室では、毎日こんな光景が繰り広げられていた。部屋に男性患者が入ってくると、いきなりベルが尋ねる。

**「あなたは陸軍にいましたね？」**

「はい。そうです」

**「最近除隊したでしょう？」**

「そうです」

**「スコットランド軍にいましたね」**

「はい」

**「駐屯地は西インド諸島のバルバドスでしょう?」**

患者は空いた口が塞がらなかった。初対面の医者が自分のすべてを言い当ててしまったのである。しかも今日は軍服ではなく普段着だったから、一見して元軍人であることがわかるはずもなかった。

ベルが患者のプロフィールを言い当てることができたのは、小さな糸口のおかげだった。患者は診察室に入ると、礼儀正しく挨拶をしたが、帽子をかぶったままだった。これは軍隊式の礼である。除隊したのが最近だったから、軍隊の習慣が残っていたのだ。また、患者の体に残っているかすかな刺青の痕跡、特異な歩き方なども、彼が軍人だったことを示していた。

そして、駐屯地まで的中させたのは、彼が病院にかかった理由が「象皮病」のせいだったからだ。象皮病は西インド諸島の風土病だ。そして、そこに駐屯したのはスコットランド軍だから、患者がスコットランド軍にいたことは自動的にわかるのだ。

ベルはこのように、**小さなヒントから相手のプロフィールを推理する習慣**を持っていた。

驚くほど正確な診断ができたのも、このように小さなヒントを見逃さない習慣のおかげだった。

ところで、ベルの教え子の中に**コナン・ドイルという若者がいた。**もうおわかりだろう。のちに推理小説家として大成功することになるこの教え子は、**憧れの師をモデルにシャーロック・ホームズというキャラクターを創作したのだ。**

さて、ベルの習慣は私たちが生きるうえで、とても有用なものである。

よく知らないものについて、はじめから全体像をつかむことは難しいが、小さなヒントはあちこちに転がっているから、そこから推理することはできる。

良い事例がある。

プログラマーだった筆者の知人は、大学を卒業後に、志望していた会社へ採用面接のために訪れた。そのとき、彼はオフィスの中にいくつかのベッドがある「睡眠室」があるのを発見した。

彼はよく考えた結果、その会社への入社を諦めた。会社はその睡眠室が福祉の一環だと自慢したが、それは**社員たちが睡眠室を利用しなければならないほどに酷使される証拠**だったからだ。小さなヒントから全体像を推理して被害を未然に防いだのである。

# 重要な情報は丸ごと暗記する

ウォーレン・バフェット（1930〜）

投資家ウォーレン・バフェットは、**ビル・ゲイツに次ぐ大金持ち**として、一般によく知られている。ゲイツとその妻、メリンダによると、バフェットは彼らが知るなかでもっとも賢い人物だという。

彼は、アメリカのネブラスカ州オマハで生を受けた。

幼いころからお金に興味を持っていたバフェットは、6歳にしてコーラを配達するサービスを請け負ってお小遣いを稼いだ。そして11歳になると株式投資を始めた。早くも卓越した投資センスを見せており、学校の先生たちも彼の売買した銘柄を気にしていたという。

バフェットはそれを利用して、先生の所有銘柄を空売り（株価の下落に投資すること）して、その取引報告書を先生に見せてストレスを与えるイタズラをしたことがある。

**高校生にして、彼はもう教師たちより高い収入を稼いでいた。**

20代でオマハにオフィスを開いた彼は、現在もずっとそこから動かず株式投資を続けている。つまり若いころから延々と同じ生活をしているのだ。

バフェットは朝起きると、車で20分ほどかかるオフィスに出勤する。その途中で、マクドナルドのドライブインで朝食を調達するのが日課だ。会社に到着すると、オフィスで5〜6時間は新聞や本、市況関連の情報を読む。**かなり地味な生活パターンである。**

本や新聞であれば、誰でも読んでいる。

だが、彼にはひとつ、凡人とは異なる点がある。

バフェットは、**自分にとって重要な情報は暗記してしまう習慣**を持っている。

これは幼いころからの日課であり、特に好きなのは数字である。小学生時代から、オマハの都市人口など、多くの統計資料を暗記していた。おかしな習慣だが、とにかく彼はずっと昔から数字が大好きだったのである。

大学時代には教科書を丸ごと覚えてしまうほどで、投資家となってからも数多くの企業の純利益や売上高などを頭に入れていた。

彼の自伝『スノウボール』には、この習慣こそが**自分の成功を決定づけた**、としているくだりがある。どういうことだろうか?

大衆が持っているバフェットへのイメージは、巨大企業になる前の有望株を「一本釣り」して、長期投資の末に大金持ちになったというものである。

だが、実際には、バフェットは**膨大な数の銘柄情報を緻密に分析して投資する**手法を採っていた。たとえば株式市場には多くの銘柄が存在するが、その中で100社の情報を分析するとしよう。

普通の人なら、銘柄情報を次々に閲覧しているうちに、さっき見た企業の情報など忘れてしまうだろう。こうなると投資対象を比較・分析するのは難しい。

だがバフェットのように、それを記憶していれば、頭の中でその情報を関連付けて考えることが可能になる。たとえば、決算書を見ながら、こんな連想ができるようになる。

「**この会社は赤字だが対昨年比で赤字が減り、売上は増加した。投資を考慮しよう**」

「**この会社は今年純利益が急激に増加している。なぜだろう?**」

去年のデータを記憶していない人に、こんな思考は生まれない。

データを引っ張り出してきて、比較することはできるが、いちいちこんなことをしていては時間がいくらあっても足りない。結局、記憶をしていない=比較対象を持たない人の目にとって、たいていのデータはただの数字の羅列に過ぎないのだ。

これは大きな差である。

昨今、「詰め込み式・暗記中心の勉強は良くない」という意見をよく聞く。そして天才は暗記ではなく、直感や論理によってすべての問題を解決してきたと思われがちだ。何かを暗記することが、論理的思考と真逆の位置にあると思い込んでいるのだ。

だが、「Fortune」の編集長だったジェフ・コルビンは、著書『才能はどう鍛えるのか？』で、**「自分の専門分野について多くの知識を持つ人が、より大きい成果を出す」**という研究結果を多数紹介している。

その理由は、バフェットを例に出したように、多くの知識やデータを記憶していれば、それを利用して**より高次元な思考をおこなうことができるからだ。**

自分が作成したプログラムをすべて暗記したビル・ゲイツや、その日に自分が打ったショットをすべて記憶していたプロゴルファーのジャック・ニクラウスなど、似た事例は数知れない。「暗記は悪い勉強法だ」という間違った観念に執着せず、**自分の仕事と関係のある情報はできる限り記憶する**ように努力してみれば、仕事力がアップする実感が得られるはずだ。

# 技術の不足は得意分野でカバーする

J・R・R・トールキン（1892〜1973）

2001年から公開されて大ヒットを記録した映画『ロード・オブ・ザ・リング』シリーズの原作は、古代神話に精通した学者J・R・R・トールキンの小説である。1937年から書かれた彼の小説が映画化されたのは、原作者が死去してから28年後だった。

これは、CG（コンピューター・グラフィックス）やモーションキャプチャの技術が、作中のファンタジー世界を表現できる水準になるまでに、時間がかかったからである。

ところで、映画はCGを多用したことで有名だが、トールキンはテクノロジーに無知な人だった。彼はタイプライターを使って小説を書いたが、タイピングも極めて下手だった。なんと彼は両手の人指し指、つまり**2本の指だけでタイピングする習慣**を持っていた。トールキンは『ロード・オブ・ザ・リング』のすべてを2本の指だけで仕上げたという。

もちろん、これは良い習慣とは言えない。試しにやってみて頂ければわかるが、2本指でのタイピングは非効率このうえない。

それでも紹介する理由は、これが**仕事に必要なのは技術だけではない**ことを証明する習慣だからだ。もちろんタイピングは10本の指すべてを使うのが正しい方法である。しかし、**10本の指で三流小説を書くより、２本の指で『ロード・オブ・ザ・リング』を書く方がはるかに価値がある。**

オックスフォード大学の教授だったトールキンがもっとも大切にしていた習慣は、討論クラブでのディスカッションだった。たとえば、同僚と古代ノルウェー語でアイスランド神話を読むクラブに参加していた。

こうして古代の神話についての造詣を深めていった彼は、その知識を総結集して、『ロード・オブ・ザ・リング』の幻想的な世界観を作り出したのだ。

トールキンの能力の核心は古代の神話に関する知識だったことがわかる。タイピングはそれをアウトプットするための手段に過ぎない。

仕事においては、得手・不得手はあって当然である。何らかの技術が不足していたとしても、ふだん得意分野を磨いておけば、残りは後から付いてくるものである。なにより、自分の仕事の核心が何かを知って、それに能力を集中することが重要なのである。

# 作業のプロセスはすべて記録しておく

ゲオルク・フリードリヒ・ヘンデル（1685〜1759）

**「ヘンデルは最も偉大な作曲家だ」**

「楽聖」といわれたルートヴィヒ・ヴァン・ベートーヴェンが、ゲオルク・フリードリヒ・ヘンデルを評した言葉である。ヨハン・ゼバスティアン・バッハが「音楽の父」と呼ばれるのに対し、ヘンデルは「**音楽の母**」と呼ばれており、バロック音楽における最重要人物のひとりである。

彼のことを知らない人も、「ハーレルヤ、ハーレルヤ、ハレルヤ、ハレルヤ、ハァレールヤ〜」から始まる「ハレルヤ・コーラス」は一度は耳にしたことがあるだろう。

ヘンデルは、**自分の作品が完成するまでのプロセスのすべてを、完璧に記録する習慣**を持っていた。作曲した時期、曲のアイデアが浮かんだときにそれをメモした「スケッチ楽譜」、作曲初期の楽譜、作曲中期の楽譜、完成楽譜……そのすべてが揃っている。

「そんなに珍しい習慣なのか？」と思われた読者もいるかもしれないが、他の著名な作曲家たちは、完成楽譜すら残さない場合も多いのだ。

バッハやベートーヴェンなどの曲は、後世の人々が楽譜のかけらから全体像を類推するために大変苦労した。自分の作品の完璧な楽譜を残しているのは、**ヘンデルがほとんど唯一である。**

おかげでヘンデルが残した記録は、後世の音楽家や学者たちが作曲のプロセスを勉強するうえで、とても貴重な教材になっている。ヘンデルのクリエイティブなプロセスについての論文もいくつか書かれている。

彼は几帳面な性格だっただけかもしれないが、このように詳細に作業のプロセスを記録する習慣は、ビジネスにおいても役に立つ。自分が作業しているときに何を考えていたのか、何をしたときに成功し、または失敗したのか**後で分析できるからだ。**

ましては現代は、記録にインクや紙は必要ない。メモを携帯電話で撮影して保存しておくことも簡単だし、記録を集積するためのアプリケーションも豊富である。ぜひ自分なりの記録ツールを見つけて、仕事のプロセスを振り返る習慣を身につけて欲しい。

# 与えられたものを、そのまま使わない

中村修二（1954〜）

パソコンを使うとき、**基本設定をそのまま使う人より、カスタマイズする人のほうが所得が高い傾向にある**、という研究結果がある。与えられるがままツールを使う人より、それを自分の必要に応じて変える工夫をする人のほうが創造性豊かで、優秀だからだろう。

これと関係するのが、青色ＬＥＤを発明して２０１４年にノーベル物理学賞を受賞した中村修二の習慣である。彼は日亜化学工業に在籍するサラリーマンでありながら、物理学の難題であった青色ＬＥＤの発明に成功した。

彼は、実験するときに**実験装置を改造して使う習慣**を持っていた。

中村は自著で、日本の研究者たちが設備をカスタマイズせず、そのまま使うことを批判している。

中村によると、特に大企業の研究者たちにこうした傾向があるという。大企業は設備に大きな投資をしてくれるから、設備を改造する習慣が育たず、実験は楽にできるかもしれないが新たな発見は難しくなる、としている。

彼が青色ＬＥＤを発明できたのも、その習慣のおかげだった。中村は現場のエンジニアから溶接やガラスを曲げる技術などを学んで、**自分で実験設備を改造できるだけの技能を持っていた。**

彼が青色ＬＥＤの開発に成功したのは、他の研究者たちが研究していなかった「窒化ガリウム」という素材を使ったからだったが、当時市場には、これを加工できる装置は存在しなかった。

並の研究者なら、ここで諦めるところだが、中村は現場で磨いた技能を使って、「窒化ガリウム」を加工できるように実験装置を改造した。その装置は2億円もしたというから、かなり勇気のある決断である。

このように、与えられたものをそのまま使うのではなく、少しでも自分に合わせようとするのは、成功する人に共通する特徴といえる。また、副産物として、ソフトウェアでも装置でも、カスタマイズしようとする過程で、その**機能についての知識も自然と身につく**ということも指摘しておかなければならないだろう。

# デスク以外の場所で働く

## リード・ヘイスティングス（1960〜）

Netflixは、**アメリカ最大の映像ストリーミング配信事業会社だ。**それを起業したのがリード・ヘイスティングスである。

同社はインターネットを利用したビデオレンタルサービスから始まった。サービスに加入するとビデオをひとつ借りることができ、借りたビデオはいつまでも持っていることができるが、他のビデオを借りるためには持っているビデオを返さなければいけない仕組みだった。

これは、レンタルビデオ業界を長年悩ませてきた、**ビデオを借りて返さない客の問題を解決したシンプルなルール**として有名だ。

Netflixは、インターネットの回線速度が速くなると、すかさずストリーミングで映像を伝送するサービスに切り替えた。これも大成功だった。

レンタルショップに行ってビデオを借りたり、インターネットで借りたビデオが到着するまで待つという不便な行程がなくなり、**すぐに映像を視聴できるようになった。**

ビデオレンタル市場を丸ごとインターネットの世界に持ち込んだヘイスティングスは、今やケーブルテレビ事業者たちが最も恐れる人物になった。Netflixのせいで、ケーブルテレビを解約する消費者が急増しているからだ。

そのヘイスティングスには、個人のオフィスがない。

その理由は、彼が**スマートフォンを使って、ほとんどすべての業務を処理する習慣**を持っているからだ。

「携帯電話だけで仕事をしている」というと真面目に仕事をしていないかのような印象があるが、先入観を捨てて考えれば、経営者が必ずオフィスを持っていなければならないという決まりはない。

モバイルデバイスとインターネットの急速な発展によって、メールのやりとりはもちろんのこと、ソフトウェアもクラウド上のものを使うことが増えてきた。ヘイスティングスによると、さすがにノートパソコンは使っているが、まったく触らない日もたくさんあるという。

彼はいちいちオフィスに戻ってパソコンを使う代わりに、社内・社外のいろいろな人と会ってコミュニケーションをとることに、より多くの時間を使うようにしている。

筆者は、なにも皆がスマートフォンひとつで働けと言いたいのではない。

この習慣から学べるのは、**仕事を処理する方法については先入観を捨てても良い**ということだ。あらゆるビジネスは伝統芸能やスポーツと違って、これという型を守らなければならないというルールはない。

特に昨今はテクノロジーの発展が凄まじく、従来の方法にとらわれる必要がないケースが増えている。「**これまでもこうしてきたから**」という周囲の雰囲気に流されず、「**これが最適な方法か**」と常に問い続ける姿勢が求められている。

問い続けていった先に、ヘイスティングスのように革新的なビジネスモデルが発明できるのである。

# 「普通のひと」が好むことに合わせる

## ヨハネス・ケプラー（1571～1630）

ヨハネス・ケプラーは16世紀末から17世紀初頭に活躍したドイツの天文学者・物理学者である。彼は天体の動きを観察して、そのその運動法則から**「惑星の軌道は楕円である」**という「ケプラーの法則」を発見した学者である。

この法則は、のちにアイザック・ニュートンが発展させて古典物理学の発展に至った。一般に、古典物理学はガリレオ・ガリレイにはじまり、ケプラーによって開拓され、ニュートンによって完成されたといわれる。

さて、そんな偉大な科学者であったケプラーだが、今日の私の目から見ると奇異に映る習慣を持っていた。

**占星術を嗜んでいた**のである。

言うまでもなく占星術は、「星の位置で未来を予知したり、人の運命を知ることができる」とする迷信である。

確かに、彼はいつも望遠鏡で星を観察していたから、天体の動きを読むのはお手の物だったろうが（ケプラーは実際にいくつかの予言を的中させたという）、なぜこのような迷信を研究しなければならなかったのだろうか？

それは当時、占星術がお金になったからである。現代であれば優秀な科学者には国家予算によるバックアップがあるが、近世では研究で食べていくことはできない。だが、自分の運勢を占って欲しいという人は大勢いたから、その需要を捉えればお金になる。

彼はその現実に適応して、**占星術で稼いだお金を自分の研究に投資したのである。**

幸い、天文学者として高名だったケプラーの占いは大金持ちの間で評判を呼んだ。占いを信じて、彼をサポートした人物のなかには、神聖ローマ帝国の皇帝、ルドルフ2世もいた。ケプラーが予言した、オスマン帝国の侵略と異常寒波が的中したからである。

実は当時、ケプラーの母は悪名高い「魔女狩り」の標的になっており魔女として火炙りの刑が宣告されていた。しかし、ケプラーがルドルフ2世に気に入られたため、それもキャンセルとなった。ケプラーが自身の母を救えたのは天文学者・物理学者としての実力ではなく、占星術師としての名声だったのである。

ケプラーは「**この愚かな娘、占星術は、一般からは評判のよくない職業に従事して、その利益によって賢いが貧しい母、天文学を養っている**」と書いている。

有力者が迷信を信じて出したお金が、結果的に天文学を発展させていることを皮肉っているのだ。

一般に天才たちは、いかにも「自分のしたいことだけを生涯追求し続けた」と語られがちだ。やがてそれは、若者たちへの「好きなことを仕事にしよう」といった耳ざわりのいい言説につながる。

だが、ケプラーのようにうまく自分の専門分野と俗世間との接点を見つけ、生活の糧を得た人物も数多くいることも忘れてはならない。天才ですら、夢を叶えるためには、それまでの間、**お金を稼いで食べていかなければならない**のである。

# 意思決定にはチェックリストを使う

## マリッサ・メイヤー（1975〜）

マリッサ・メイヤーは若くして「**シリコンバレーで最も成功した女性**」と言われている。スタンフォード大学でコンピューターサイエンスを学んだ彼女は、創設間もないGoogleにエンジニアとして入社。当時のGoogleは社員数は20人足らずで、女性エンジニアは彼女が初めてであった。

やがてメイヤーはGoogleのサービスのユーザーインターフェイス（利用者に表示される各種の情報など）の改良に力を発揮するようになり、入社して6年後には副社長に抜擢される。

私たちの生活に溶け込んで久しい「Google検索」「Google Map」「Gmail」といったGoogleのプロダクトは、**ほとんどが彼女によって洗練されたもの**なのである。その手腕を買われ、2012年にはYahoo!のCEOとして引き抜かれている（しかし、彼女をもってしても衰退していくYahoo!を復活させることはできなかった)。

6億ドル以上の財産を持っているが、かつては度を越したハードワーカーだったことで知られ「ロボットのようだ」という評価もある。これは彼女が外交的ではなく、仕事に感情を持ち込まないようにしているから持たれる印象である。

さて、そのメイヤーは大事な意思決定をするとき、感情に基づかない、**自分なりの計算をして臨む習慣**を持っている。

具体的には、検討している事案をいろいろな要素に分解して、それぞれに点数をつけて、合計値が高い選択肢を選ぶのである。

彼女は進学先を決めるときにも、この方法を使った。

1993年、彼女はハーバード大学、イェール大学をはじめとする10校の名門大学に同時に合格したため、進路を選ぼうと、表計算ソフトを使って、いろいろな変数を入力して計算してみたという。

彼女の真似をするのは難しいが、数値をつけて合算しなくても、**意思決定のためのチェックリストを作り、それぞれの選択肢の長所・短所を冷静に洗い出す**プロセスは、誰でも活用できる方法である。実際の事例を紹介しよう。

| | 中小企業 | 大企業 |
|---|---|---|
| 仕事 | ○ 大学で勉強した知識を発揮できる | 仕事内容が大学の専攻とは異なる |
| お金 | 給料が少ない | ○ 給料が高い |
| 生活 | 業務量が多い（夜勤が多い） | ○ 定時に退勤できる |

上の表は、筆者の大学の後輩が、就職先に悩んでいるときに実際に作ったチェックリストである。

彼はとある大企業と、小さなゲーム会社から内定を得て、どちらに進むか迷っていた。

彼はチェックリストの3個の項目のなかで、大企業が2つ、ゲーム会社がひとつの要件を満たすことを知っていたが、結局はゲーム会社を選んだ。

まだ若いから、自分の得意分野を活かして面白い仕事に挑戦することに、**加重値をかけていた**わけである。

このように、重要な決定のとき、チェックリストを使えばそれぞれの選択肢が多くの要素に分解され、クリアに見えてくるのだ。

# 批判的思考を止めない

## アラン・デュカス（1956〜）

アラン・デュカスは、**「フランス最高のシェフ」**と言われている料理人である。

16歳から料理人としての修行を始めた彼は、やがて実力を認められ、24歳にして「世界三大シェフ」のひとり、ロジェ・ヴェルジェの「ラマンディエ」のシェフに就任する。28歳でミシュランから2つ星を獲得し、34歳のときにはミシュラン史上最年少で3つ星を獲得した。現在は3カ国でレストランを経営しており、これまでに獲得したミシュランの星は累計で18個にのぼる。

デュカスの料理人としての才能の片鱗は、幼少時から見られた。

物心ついたときから、**家庭に出る料理に文句を言う習慣**を持っていたのだ。

たとえば、祖母がご飯を作ってくれると、**「豆を長く煮過ぎだ」**と手厳しく批評したりした。これほど敏感な味覚を持っていたのだから、料理人が天職だったろう。

彼は修行を始めると、1日に4時間ほどしか寝ずに一生懸命に働き「ロボ・シェフ」とあだ名された。才能に安住せず、ロボットのように努力したわけだから、その成功は当然のことかもしれない。そしてその原点には、まずい料理は誰が作ったものであろうと「まずい」と言う、**幼いころからの妥協のない視線**がある。

一般的に、人は教育課程において「短所より長所に注目しなさい」と教えられ、何事も斜に構えて批判的に見る者のことを評価しない傾向にある。しかし、これは裏返せば、バイアス（偏り）にとらわれず的確に問題点を見抜く能力があるということである。

最近ではこうした能力を「**批判的思考力**」と呼んで、高等教育で習得させるべき汎用的技能として教育カリキュラムに取り入れるべきとの意見がある。

批判的思考を長年研究している京都大学の楠見孝は、批判的思考とは、「論理的・合理的思考であり、規準に従う思考」であって、「より良い思考をおこなうために、目標や文脈に応じて実行される目標志向的思考」と定義している。

つまり、決して他者を攻撃するのが目的の、ネガティブな思考ではないのである。デュカスも祖母が憎くて文句を言ったわけではないのだ。批判的思考は止める必要はない。むしろ積極的に身につけるべきだろう。

# 才能の出し惜しみはしない

## ヨハン・ヴォルフガング・フォン・ゲーテ（1749〜1832）

ドイツを代表する文豪といえば、ヨハン・ヴォルフガング・フォン・ゲーテである。小説『若きウェルテルの悩み』、叙事詩『ヘルマンとドロテーア』、詩劇『ファウスト』など、幅広い分野で傑作を残した。さらには自然科学者として人間の骨格について新発見をし、鉱物学者としても針鉄鉱《しんてっこう》の英名（「ゲータイト」）にその名を刻んでいる。

そのゲーテは、若かりしころ、非常に面白い習慣を持っていた。

それは**友達のラブレターを代筆してあげる**ことだった。

幼少の折から詩作に親しんでいたゲーテが書いたラブレターは、さぞかし効果があったことだろう。はじめは、ただのいたずらのつもりだったようだが、彼はラブレターを代筆しているうちに、その相手である歳上のグレートヒェンに恋をしてしまった。

だが、その片思いは、あっけなく終わってしまう。ラブレターの草案を書いているところを、彼女に目撃されてしまったのである。だが、この恋愛の経験は、彼が後に書く数々の傑作の素地となった。なお、このグレートヒェンの名前はゲーテの代表作となった長編戯曲『ファウスト』第一部のヒロインの名に取られている。

ゲーテは友達のお願いを**文才の浪費とは思わず、才能のすべてを注いで代筆した。**ラブレターの相手に恋をしてしまったのはその証拠である。ラブレターは人の心を動かすためのもの。彼はラブレターを書くことでその能力を磨いたのである。

その後も彼は、恋愛と失恋を原動力に作品を生み出していくことになる。

この事例からもわかるように、自分の才能を発揮する機会を得たら、「お金にならない」「時間の無駄」などと二の足を踏まず、**惜しまずに飛び込んでみる**ことだ。そうすることで、その才能と関わる多くのことを経験できる。

最近は副業に理解のある企業も増えてきたことだし、自分の力を試したくなったら、職場以外の場所で損得抜きに、チャレンジしてみるべきだろう。

# 他の人の仕事にも関心を持つ

フランシス・クリック（1916〜2004）

フランシス・クリックは、ジェームズ・ワトソン、モーリス・ウィルキンスとともにDNAの構造を解明して、ノーベル生理学・医学賞を受賞したイギリスの生物学者である。その受賞には異論を差し挟む余地はなかったものの、**「彼ら以外にも与えるべきではないか」**という意見が出た。

この業績は、同時代の他の科学者たちの実験結果なしにはあり得ないものだったからだ。たとえば、クリックとワトソンがDNAの二重螺旋構造を発見するにあたっては、彼らの隣の研究所にいたウィルキンスから、同僚のロザリンド・フランクリンが撮ったX線解析写真を見せてもらったことが重要なヒントになったが、彼女はノーベル賞をもらえなかった。

クリックの習慣、それは**同時代の生物学者たちが何を研究しているかを、強い関心を持っ**

**て調べ回る**ことだった。彼は他の科学者の研究の重要性や、何が自分たちの役に立つかをすばやく見分ける能力を持っていたという。

その日も、クリックはワトソンとともにウィルキンスの研究室を訪ね、フランクリンが遺伝子の構造を解明するうえで重要な手がかりとなる写真を撮っていることを知り、それを手に入れた。これは、彼らの仮説にあるDNAの構造が正しいことを証明する、決定的な証拠であった。

その姿勢と対照的だったのがフランクリンの研究姿勢だった。

彼女は自分が重要なデータを持っていたのにもかかわらず、**間違った方法で研究を進めていた。**他の研究室の科学者たちには目もくれず、自分の手法にこだわっていたのだ。一説には、彼女が来る前からDNAの研究を続けていたウィルキンスと対立関係にあり、それが前述の写真流出につながったという見方もある。

いずれにしろ、オープンマインドになって他の研究を見て回っていたクリックとは異なる態度である。人に教えを請うたり、無知をさらけ出して情報を集めるのはプライドが邪魔をすることも多い。だが、その**ハードルを越えられる者が少ないからこそ、オープンマインドは成功への近道になりやすい**のである。

第４章

# ストレスに打ち勝つライフハック

# ルーティーンでストレスを緩和する

イチロー（1973〜）

日本に**「ルーティーン（日課）」**という言葉を広めたのは、アメリカ大リーグで活躍したイチローだろう。

日本のオリックス・ブルーウェーブで7年連続で首位打者を獲得し、日本人野手として初めて大リーグに挑戦。シアトル・マリナーズでのルーキーイヤーから首位打者、盗塁王、最多安打、MVP、ゴールデングラブ賞などを総なめにし、**2010年まで10年連続で200本安打を記録した。**

2019年3月に引退を発表したが、将来の野球殿堂入りは確実と言われている。

右に述べたように、**イチローの記録には「連続」と付くものがたくさんある。**大リーグの投手たちからの対策をかいくぐりながら、10年もの長きにわたって安定して見事な成績を収めるには、体を良い状態で維持し続けなければならない。

そのイチローのコンディションを支えているのが日々のルーティーンである。彼の打席での動きを見ていると、**毎回寸分違わぬ準備運動をしてからバッターボックスに入る**ことに驚かされる。

軽くバットを振り、右足を回し、左足を回し、軽く屈伸してからバットでスパイクを右、左の順番で叩き、足場をならして、バットの松脂に触れ、お馴染みのバットを立てる仕草をして、袖を引っ張る……。

以上が打席でのルーティーンだが、それは試合前・試合後の行動にも及ぶ。

イチローは**翌日のゲームの開始時間から逆算して、寝る時間、起きる時間、食事の時間など、すべてのスケジュールを決めている。**年間の試合日程はシーズン開幕時にわかっているので、イチローの1年間の動きはシーズン開幕と同時に自動的に決まってしまっているのだ。

こう見ていくと、イチローは毎年優秀な成績を残すために、苦労してルーティーンを守る求道者のようだが、内実は大きく違う。

不安症やストレスの専門家スティーブ・オルマ博士によると、ルーティーンには、**スト**

**レスを緩和する強い効果がある**という。

つまりイチローは、結果を残すために、苦痛に耐えながらルーティーンを守っているのではなく**「いちばんストレスがない1日の過ごし方」**を追求していったら、自然とルーティーンが固まり、それを毎年繰り返していたのだ。

ストレスフリーを目指しているから、栄養があっても嫌いな食べ物は基本的に口にしない。**シーズン中にカレーや素麺をひたすら食べていた**のは有名な話だし、とある遠征先の球場では、必ずあるピザ屋の、あるメニューしか口にしないという逸話もある。

イチローと同じく、大リーグで通算3000本安打を達成して野球殿堂入りを果たしている大打者、ウェイド・ボッグスも、奇妙なルーティーンを厳しく守ったことで有名だ。

彼は、毎日同じ時間に起床すると、試合前に必ずチキンを頰張り、ちょうど150本のゴロをさばき、必ず午後5時17分に打撃練習に入り、午後7時17分にダッシュを行っていた。**敵チームが嫌がらせで球場の時計を狂わせたが、彼は正しい時間にルーティーンをこなした**という伝説もある。

彼らの習慣から学べるのは、**ストレス緩和のためのルーティーンは、別に理に適っていなくても良い**ということだ。

特に、重要な仕事（試験・交渉・スピーチなど）の前には、**好きなものを我慢するのもストレス**だから、カロリーが多めの食事をとるなど、ふだんは我慢すべき事柄が含まれているほうが自然だ。ストレスを緩和して心の健康を確認するのがルーティーンだから、体の健康はいったん忘れて良いのである。

ぜひ読者も、ストレスフリーだと自覚できる瞬間を積み重ねて、オリジナルのルーティーンを作ってみて欲しい。

# 仕事と正反対の趣味を持つ

## ルイス・キャロル（1832〜1898）

イギリスのルイス・キャロルによる、児童文学史上に残る大傑作が『不思議の国のアリス』である。

ある日、幼い少女アリスは、白いウサギを追いかけて不思議の国に迷い込み、人語をしゃべる動物や動くトランプと出会い奇想天外な冒険を繰り広げていく――。

まったく常識が通用しない世界観だが、実は作者・キャロルの本名はチャールズ・ドジソンといって、**数学者・論理学者が本業であった。**

彼は、自分の仕事とは真逆の、**非論理的な夢物語を創作する習慣**を持っていたのだ。

キャロルがクライストチャーチの学寮に籍を置いていたころ、学寮長であるヘンリー・リデルの一家と親しくなった。リデルにはロリーナ、アリス、イーディスという3姉妹がおり、キャロルはしばしば３人を連れてボート遊びに出かけた。

１８６２年、キャロルが３姉妹を連れてアイシス川へピクニックに赴いたとき、彼はいつものように幻想的な物語を語って聞かせた。後にアリスから本にして欲しいとせがまれ、クリスマスプレゼントに私家版として作ったのが『不思議の国のアリス』の原型となる『地下の国のアリス』である。

キャロルがこうした習慣を持つようになったのは、芸術の世界で成功したいという名誉欲のせいもあったようだが、**数学の世界で感じた退屈を解消するため**だという説もある。

彼のように、自分の職業の方向性とは正反対の何かを趣味に持つことは、リフレッシュのためにとても良い習慣である。物理学者のアルベルト・アインシュタインがバイオリン演奏を趣味にしていたことや、同じく学者で政治家のベンジャミン・フランクリンがチェスを好んだのも似たような事例だと言えるだろう。

現在、どの国の産業カウンセラーも、仕事と関係のない分野の趣味や地域活動に精を出すことで、仕事からくるうつ病の防止や、復帰の手助けになると教えている。

それこそ「論理的」に考えてみても、一日中同じような作業をしているより、**自分が楽しめる趣味に没頭する時間があったほうが、心に余裕が出る**のは自明のことだろう。

# 自分のことを三人称視点で語る

ユリウス・カエサル（紀元前100〜44）

よくアニメなどで、美少女キャラクターが「私」などの一人称を使わず、自分の名前で自分を呼ぶことがある（「アキは〜」「ミオは〜」といった具合である）。

これは可愛さをアピールするための習慣だが、用途こそ違えど、同じような習慣を古代の英雄も持っていた。

古代ローマの皇帝、ユリウス・カエサルがそのもっとも有名な事例である。

もとは軍人だった彼は、ガリア地方（今のフランス）に遠征したとき『ガリア戦記』を執筆した。7巻で構成されたこの書物には、7年間に及ぶ記録が書かれており、戦争だけではなく、遠征先の文化や風習についても多くの文量が割かれており、旅行記の側面もある。名著として知られ、**現在でもラテン語のテキストとして広く用いられている。**

その『ガリア戦記』を書いたとき、カエサルは自ら筆を執ったにもかかわらず、**自分の**

**ことを「私」などと書かず「カエサル」と呼んでいる。**

たとえば、「私は今日、フランスに到着した」と表現すべきところを、**「カエサルは今日、フランスに到着した」**と書いたのである。著者名を知らずに読むと、まるで他の人が記録した本のように見える。

彼はなぜ、このような習慣を持っていたのだろうか。

それは、本に客観的な印象を持たせるためである。第三者視点で自分の戦功を詳しく記録して、それを自分の宣伝材料に使おうとしたのである。実際『ガリア戦記』は当時のローマでベストセラーとなり、彼が大衆的な人気を得るきっかけとなった。

さて、カエサルの狙いとは別に、この習慣には心理的な効果もある。

「Scientific Reports」に掲載された論文によると、**三人称視点でおこなう独白にはストレスを緩和し、自己肯定感をアップさせる効果がある**という。当事者の立場を離れることで、自分の感情を客観的に観察するようになり、それが心理的な安定につながったわけである。

異国への遠征でストレスにさらされていたカエサルも、無意識のうちにこの習慣の心理的な効果に頼っていたのかもしれない。

いずれにせよ、これは**困難に直面し、辛さを感じているときに活用したい**習慣である。

余談だが、筆者の知人には、自分のことを「お前」と呼ぶメールを自分自身に送る習慣を持つ者がいた。

**「おいお前、午後には会議があるが、準備はできているか？」**

**「お前、毎日の運動を忘れるなよ。病気になったら俺も困るんだからな」**

こんな調子のメールを自分に送るのである。

知人曰く、確かに自分が書いたメールなのだが「お前」と書かれているだけで、まるで他人から届いたメッセージかのように錯覚してしまい、やる気が出るのだという。

本項で紹介した習慣は三人称視点で、この知人のメールは二人称を使っているので形式は異なるが、当事者の立場から離れた観察者の目線を利用する点では、同じ効果を狙っているといえる。

# 自己暗示の呪文を言う

## ロニー・コールマン（1964〜）

世界一有名なボディビルダーといえば、のちに俳優に転身したアーノルド・シュワルツェネッガーだろう。彼は、プロボディビル界の最高峰といえる大会「ミスター・オリンピア」で通算7回の優勝を果たしているが、それを超える**8回連続優勝の記録を持つ**のがロニー・コールマンだ。

1980年代がシュワルツェネッガーの時代だったとすれば、1990年〜2000年代はコールマンの時代だった。彼はアメリカンフットボールの選手として活躍したあと、警察官となり、そのまま大会に出場した異色の経歴を持っている。

彼はボディービルダーのなかでも最も重いウェイトを使うことで有名だ。たとえば、ベンチプレスは200キロ、デッドリフトは360キロ、レッグプレスに至っては**1トンのウェイト**という具合である。ボディビル史上屈指の怪力と言って差し支えないだろう。

彼には面白い習慣がある。

このようなとんでもない重さのウェイトをリフトするときに、気合を入れて「**Light Weight !!（軽いウェイト！）**」と叫ぶのである。

足で1トンのウェイトをプッシュをするときにも彼はこう叫ぶ。参考として、普通の成人男性では100キロでも難しい。

この習慣は「**自己暗示**」と言われる心理テクニックのひとつである。

言葉を使って自分の思考と感覚を操作することが狙いだ。かつては催眠術の一種のような扱いだったが、現代では脳の活動状態が撮影できるようになり、自己暗示が実際に効果があることが科学的に証明されている。

コールマンほどではないにせよ、ビジネスマンにもオフィスで気が滅入りそうな、重たいノルマがのしかかることがあるだろう。「なんて重いノルマなんだ……」「とても実現できそうにない……」などと考え始めたら、ネガティブな思考が止まらなくなる。

まずは仕事を始める前に、自身に気合を入れて「**このくらい簡単に終わる！**」「**なんてことのない数字だ！**」と心の中で叫んでみよう。

# 頭の中のビデオテープを再生する

## マイケル・フェルプス（１９８５〜）

競泳というスポーツにまったく関心がない人でも、マイケル・フェルプスという名前は聞いたことがあるだろう。水泳史上のあらゆる選手の中で、もっとも優れたスイマーという評価もあるほどの選手である。

彼はトレーニングにおいて、**ビデオテープを再生するように、繰り返し完璧なレースを想像する**という習慣を持っている。想像といっても、漠然としたイメージではない。スタート台から飛び込んでレースを始め、ストロークをひとつ、２つ、３つ……ゴール地点に着いたらターンして、レースを終えてキャップを取り、手で顔を拭い、電光掲示板を見つめる――そのすべてを頭の中で繰り返し想像するのである。

そして、その「仮想レース」は秒単位で正確に再生されなければならない。

朝起きた後と寝る前、そしてレースの直前に、彼はいつもこの習慣を繰り返した。

これは彼を幼いころから指導していたコーチが教えてくれた訓練法であり、大切なレースの前になると、コーチからフェルプスに**「ビデオテープを準備しなさい」**と声がかかる。するとと、彼はまるで催眠にかかったように、頭の中で自動的に完璧なレースを想像することができた。

このメンタルトレーニングは、しばしば彼をアクシデントから救った。フェルプスは2008年の北京オリンピックにおける男子200メートルバタフライ決勝で、レース中にゴーグルに水が入ってくるという不運に見舞われた。

しかし、彼は少しも慌てることはなかった。

ビデオテープの中の1本に、**「レース中にゴーグルに水が入ってきた場合」についての想像も用意されていた**のである。

まずは、自分のストローク数を数え始める。

ふだん、彼は50メートルを19回から21回のストロークで泳ぐ。だが目が見えない状態では、何回のストロークをすれば良いのかがわからない。最後の50メートルで20回目のストロークをした彼は、あと1回だと直感した。

頭の中のビデオテープではあと1回でゴールだったのである。

21回目のストロークを終えると、手にタッチ板が感じられた。

最初から最後まで、ビデオテープは正確だったのだ。

そして、**電光掲示板の彼の名前の横にＷＲ（世界記録）の2文字が灯った。**並の選手なら諦めたはずの状況で、彼は世界記録で金メダルを獲得したのである。


フェルプスが愛用した「脳内のビデオテープを再生する想像訓練」は、メンタルトレーニングの世界では広く用いられている手法である。

たとえば、多くの人の前で話すことが苦手な人は、朝起きてからスピーチの準備をし、スピーチを終えて寝床に入るまでを、**繰り返し詳細に想像する**ことで、精神的負担を解消、もしくは軽減することができる。

あまりにも、そういった「本番」が苦痛な人は、「本番を終えて解放され、好きなことを楽しんでいる自分」を想像することで前向きになれる――というテクニックもある。想像習慣は意外に汎用性があるのである。

# 短い詩を書いて心を整える

ジェームズ・クラーク・マクスウェル（1831〜1879）

セントキャサリン大学の研究によると、**詩などを書く習慣は、精神衛生を改善する効果が期待できる**という。たとえば、生活の中で悟った教訓や、心に残ったことをただのメモで残すのではなく、詩にまとめれば、そのプロセスに精神を癒やす効果があるのだという。

物理学者ジェームズ・クラーク・マクスウェルは、そのような習慣を持っていた人である。

「**物理学の3分の1はニュートンが、3分の1はアインシュタインが、残りの3分の1はマクスウェルが作った**」という言葉がある。

あまりに単純化されてはいるが、当たらずとも遠からず、ではある。

ニュートン力学は、目に見える物体の動きを説明できる、もっとも重要な理論であり、アインシュタインの理論がなかったら、量子力学および現代物理学も存在しなかったし、マクスウェルがいなかったら電磁気学もなかったからである。

３分の１を担当したアインシュタイン自身も、マクスウェルの業績について「アイザック・ニュートン以後、もっとも深奥で、意味がある業績」だと評価している。

マクスウェルは、古典電磁気学を完成した偉大な物理学者であり、ニュートンよりは後の、アインシュタインよりは前の時代の科学者である。惜しいかな、彼は短命だった。48歳で亡くなってしまったから、彼がもっと長生きしていれば**「相対性理論」の発見者は違っていたかもしれない**と評する人もいる。

前述したように、マクスウェルは詩が好きで、**自分の考えを詩で表現する習慣**を持っていた。たとえば、彼は無意識からインスピレーションが生まれると信じていたが、その考えも詩に表現している。

我々が持つ力と考えは浮かぶ前には見えない
意識の動きという流れに乗って、密かに隠された自我から来る
だが静かな意志と感覚の中で、往来する考えの動きの中で
我々はその下に隠された深淵の中の石と渦巻を追いかけることができる

このように彼が自分の考えを詩の形にまとめた理由は、詩の簡潔なところが好きだったからだ。すべての洞察をシンプルな形にまとめることは、研究結果をいくつかの美しい理論にまとめることと似た面がある。

マクスウェルは、自分が悟ったことを、なるべく簡潔にまとめたかったのである。本書で紹介している天才たちの習慣のひとつの共通点に「**シンプルさ**」「**明快さ**」**の追求がある**が、マクスウェルもそれを目指していたのだ。

精神衛生のためにも、彼のように人生で何かを悟ったり、学んだりしたら、それを短い文章——たとえば詩や俳句——にまとめるのは有効だろう。

# 毎日30分間を使って瞑想する

ジャック・ドーシー（１９７６〜）

**世界でもっとも天才が生息している場所**といえば、アメリカのカリフォルニアにあるシリコンバレーだろう。

シリコンバレーは、最新テクノロジーに詳しいエリートたちがうようよしているが、意外にアジアの文化やインド哲学などに耽溺している人が多い。

仕事上のストレスに苦労しているときに**「修行を通じて精神を鍛えて、苦痛から解放されよう」**とうたう東洋哲学と接して、興味を持つようになるのだ。このようなトレンドにはシリコンバレーにアジア出身の人材が増えた影響もあるだろう。

そのシリコンバレーで、今流行っているのが瞑想である。Googleでは仕事のストレスを緩和するために瞑想プログラムを導入しているが、それが社員たちに大人気である。

そのシリコンバレーの瞑想ファンたちの間で、もっともポピュラーな存在といえば、

Twitterの創設者ジャック・ドーシーだろう。

彼は朝の5時から5時半くらいに起きると、30分間瞑想してから1日をスタートさせる。それが終わると10キロものジョギングに出かける。ドーシーはジョギングも瞑想の延長としてとらえており、このルーチンが終わると頭のなかを整理するという。

ドーシーがここまで瞑想に耽溺しているのは、他でもない。**実際に効果があるからである。**

アメリカのオレゴン大学の研究によると、瞑想は脳の構造を変えてしまう効果さえあるという。実験に参加した人々に4週間瞑想させた結果、自己のコントロールに関する脳の部位が大きくなったという。

本格的な瞑想に取り組まずとも、**1分間だけでも目を閉じて、ゆっくり呼吸しながら雑念をなくすことを意識してみる**だけで、複雑だった頭の中が整理されてストレスが軽くなる効果を感じることができる。

次項ではそんな忙しい読者のための目を閉じる習慣について紹介する。

# たびたび目を閉じる

ポール・ゴーギャン（1848〜1903）

**「私は見るために目を閉じる」**

これはポール・ゴーギャンが残した有名な言葉である。これは、彼が画家だから特に印象に残る習慣だ。ゴーギャンはこの習慣について、手紙に書いている。

「私は目を閉じて、私の前で広がる、定義しにくい無限の空間の中の夢を見ます」

描く対象があって、それを目の前のキャンバスに表現する画家としては、変わった習慣だといえるが、これは彼の世界観とも密接に関係している。ゴーギャンは人を描くとき、外見ではなく、**その人から受けた印象を描くことを重視した。**

つまり、できるだけ人物の内面を表現しようとした。

ゴーギャンは、分類するならば、フィンセント・ファン・ゴッホやポール・セザンヌのような、「後期印象派」の画家である。

わかりやすくいえば、「前期印象派」は、光の多様な変化をとらえて「**絶対的な色は存在しない**」と主張した画家たち、そして「後期印象派」は「**絶対的な形は存在しない**」と主張して、その思想に沿って絵を描いた画家たちだということができる。

風景を渦巻きのように曲がりくねる模様で表現した、ゴッホの「星月夜」をイメージすると理解しやすい。

ゴーギャンは絵だけではなく、彫刻作品も多く残したが、それらはアンデス文明や、マヤ文明の遺跡などに見られる、子どもが作ったような、**頭の大きさを極端にデフォルメしたような像である。**

純粋な世界を追求した彼は、子どものように洗練されていない技法を採用したのである。彼が目を閉じることで見た夢も、子どもの夢のような純粋なものだったのかもしれない。

ゴーギャンのファンの中には、かのキュビズムの代名詞、パブロ・ピカソもいた。

ピカソはゴーギャンの作風に憧れるあまり、それを模倣した作品を多く残している。ピカソの絵は「子どもが描いたような絵」と言われることもあるが、これこそゴーギャンから受けた影響である。

先ほどジャック・ドーシーの瞑想の習慣を紹介したが、瞑想をする時間すらとれないという読者は、ゴーギャンの、このたびたび目を閉じる習慣をすすめたい。

実は、しばらく目を閉じているだけで、**脳の中では心理を安定させるα波が発生する**という。数秒間目を閉じるだけでも、簡単な瞑想な効果を得られるのである。

たびたび目を閉じる習慣は、スポーツ科学の専門家たちも、メンタルトレーニングの一環としてアスリートに実践させている。研究によると、たびたび目を閉じる習慣を続けると、アスリートの筋肉や運動能力にも良い影響があるという。

たしかに、スポーツ、特に個人競技の国際大会の試合中継を観ていると、**競技が始まる前に深呼吸をして、目を閉じているアスリートが多い**ことに気づく。

目を閉じる習慣は、画家には想像力を、運動選手には能力の向上をもたらす、科学的に効果が証明された習慣なのである。

# 常に最悪の状況を想定する

ドナルド・トランプ（1946〜）

アメリカの第45代の大統領ドナルド・トランプはもともと、不動産投資で巨富を築いた、「不動産王」である。経済誌「フォーブス」によれば、**彼の資産は5000億円と推定されている。**

マスコミは彼の突発的な言動と独特な性格だけを報じる傾向があるが、その性格は自分が演出した面もある。マスコミを利用して、自分のビジネスをタダで広告する方法を、彼は常に研究したからだ。実は、彼が大富豪になったのは、**賢明な意思決定と、いろいろな状況に備える態度のおかげである。**大衆のイメージとは違って、彼はビジネスミーティングをするときには、いつも人の言葉に耳を傾けるスタイルだったという。

トランプは、自分が物事について考えるときの習慣について、次のように語っている。

「私は楽観的な思考の力を信じていると思われているが、実は悲観的な思考の力を信じている。つまり、いつも最悪の事態を考慮している。**最悪の事態を想像していれば、どんなトラブルが起きても耐えることができる**」

彼は楽観的で単純な人のように見えるから、かなり意外である。実際、彼は仕事においては、とても慎重に仕事を進める人で、どんなビジネスでも最低５～６個の代案を準備していたという。最悪の事態を含めて、何が起きるかわからないからだ。

たしかに、「ポジティブシンキング」といえば聞こえは良いが、**すべてを楽観的にとらえているうちにトラブルが起きると、対処が難しくなってしまう。**反対に、いつも最悪の状況を想定していれば、何が起こってもシミュレーション済みなので、そのとおりに動くだけだ。

「下品だ」「大統領としての品格がない」といった批判にもかかわらず、トランプは大統領として一定の成果を出している。経済は安定し、失業率は過去最低値を更新、そしてＮＡＳＤＡＱ指数は最高値を記録した。

今後、大統領として大きな失政をしない限り、彼はアメリカの歴史上、**企業家としての成功と大統領としての栄光を同時に達成した、唯一の人物**になるかもしれない。天才なのは間違いないから、その習慣を学ぶのも価値があるだろう。

# 情報を身を護る盾とする

## ジョン・エドガー・フーヴァー（1895〜1972）

ジョン・エドガー・フーヴァーは、**アメリカFBI（連邦捜査局）の初代長官である。**

1930年代から1960年代を舞台にした、ハリウッドのクライム・サスペンス映画を観ると、たいてい彼が暗躍している様子が描かれる。それもそのはず、フーヴァーは**FBIが創設されてから死ぬまで、48年の長きにわたりその座に君臨し続けたからだ。**

民主主義国家において、ある国家機関の長官が、設立してから亡くなるまでトップにい続けた例は、空前にして絶後である。

しかも、そこは民主主義がもっとも発達したとされるアメリカである。

どうしてこんな芸当が可能だったのだろうか？

その秘密は、フーヴァーが**自分の権限を利用して、政治家たちの汚点を収集する習慣**を持っていたからである。彼はあらゆる政治家の私生活や不正について、ときには**自宅のゴ**

**ミ箱を漁って調べ尽くしていた。**

「フーヴァーさんも充分長く働いたでしょう？　そろそろ潮時では」

こんなことを言い出す政治家はひとりや2人ではなかっただろうが、フーヴァーがポケットからその政治家のスキャンダルの証拠となる写真や録音データを取り出すのを見て、すごすごと帰っていった。

フーヴァーは生き馬の目を抜くアメリカ政界の中枢で、このような方法を使って48年、8代の大統領に仕えた（という言い方は正しいのだろうか）。**まさに処世の天才である。**

貧しい家に生まれた彼は、若いころは図書館司書として働きながら勉強を重ね、弁護士試験に合格すると司法省に入省した。

すぐに頭角を現すと、29歳にして捜査局の局長になった。当時のアメリカの警察は、それぞれの州が個々に運営していた。「アメリカ合衆国」という国名からもわかるとおり、アメリカは州が集まってできた国家なので、これが当たり前なのである。

しかし１９３０年代になって暴力団の組織犯罪が全国に拡散すると、かつての仕組みだけでは対応できなくなってきた。

だから政府は、州の枠を超えた捜査ができる組織として、捜査局の権限を拡大し、それはのちのＦＢＩに発展していった。この過程でフーヴァーは凶悪犯罪者の検挙で実績を積み上げていった。科学捜査を積極的に導入したのも彼である。**フーヴァーがいなかったらＦＢＩは今日のような姿ではなかったはずだ。**

だがこれは彼の正の側面であり、負の側面としては、前述したように違法に政治家に盗聴を仕掛け、さまざまなスキャンダルの証拠をコレクションしていった。

フーヴァーは口にしこそしなかったが、「私はあなたの不正についての証拠を握っていますが、公開しません。ですからあなたも私の邪魔はしないでください」というメッセージを政界全体に送っていた。

この習慣は、組織の中で生き残るコツを教えてくれる。

排除されたくなかったら、「**手を出してはいけない種類の人間**」だと思われなければならないのだ。フーヴァーのようにしろと言っているのではない。彼のように人の弱みにつけこむのではなく、欠点を知ったらそれを静かに補ってあげるのだ。

色々な人を相手にそうしていると、いなくなったら困る人材になっている。これも恩を売る行為には変わりないのだ。

# 手紙で思考を整理する

## フィンセント・ファン・ゴッホ（1853～1890）

フィンセント・ファン・ゴッホは、今でこそポスト印象派を代表する画家として、世界最高の評価を受けているが、**彼が生きている間は、一枚の絵も売れたことはなかった**（厳密にいえば、親戚が一枚買ってくれたほか、何枚かのドローイングは買われている）。

では、どうやって彼は画家として生計を立てていたのかといえば、一生面倒を見てくれた弟・テオのおかげだ。まともな職につかず、売れもしない絵を描くだけのゴッホは両親からも軽蔑の眼差しを向けられていた。

そんな彼を弟・テオは、**無償の信頼と愛で援助し続けた。**

ゴッホがずっと貧乏だったと誤解している人も多いが、実際はテオからまともな生活が送れるほどの、充分な送金があったことがわかっている。ゴッホの清貧なイメージは、彼の清教徒特有の質素な振る舞いに由来すると思われる。

そのゴッホは、**最愛の弟・テオに手紙を書き続ける習慣**を持っていた。兄が弟に向けて宛てた手紙は、1872年から1890年に亡くなるまで、実に668通にのぼる。形式上は手紙の形をとっているが、中身は自分の考えを明かした日記だったり、作品の構想を記したメモだったりした。

ゴッホが絵を描くスピードは速かったが、描く前にスケッチで構想を固めてから描き出すスタイルだった。その構想の多くが、テオへの手紙に記録されている。だから手紙には文字だけではなく、絵の構図を設計したスケッチなども入っている。

また、大きなテーマについて語ることもあった。

彼は自分の人生について、こう述べている。

「私の最終的な目標が何なのか、お前は聞きたいのだろう。ラフがスケッチになり、スケッチが油絵になるように、最初ははっきりしなかった考えも、具体化するにつれて、より目標は明確になり、歩みは遅くとも成就されるのではないか」

目標の成就については、こんなことも言っている。

「偉業は衝動的に成就するものではなく、**ひとつひとつの小さなことがひと繋ぎとなって成される。**そして、はっきりした意志を持っていなければならない。決して偶然に成されることはない」

自分に言い聞かせるように、一歩ずつ歩みを進めることの重要性を説いたゴッホだが、弟には焦りものぞかせている。

**「絵は私の資本だが、世界はまだこの資本の価値を認めてくれていない」**

結局、ゴッホは生きているうちにテオから受けた恩を返すことはできなかった。しかし少しでも厚意に報いようと、自分が描いた絵はすべて弟に送っていた。

拳銃自殺で最期を迎えたことからもわかるように、ゴッホは精神的に不安定な人物だったが、愛する弟への手紙で頭の中の考えをまとめて、心を整えていたように見える。

カリフォルニア大学のマシュー・リーバーマン博士によると、**自分の思いを書く行為は、ネガティブな感情をコントロールするうえで、たいへん役に立つ**という。

日記を書いたり、下手な詩を書いたり、歌の歌詞をつくるとか、形式は問わない。

そして、この行為の効果は**女性より男性が大きかった。**

女性は自分の思いを口に出すことに慣れているから、この行為も新鮮ではないが、男性にとっては鮮烈な体験だからだという。ゴッホが、手紙を書くことで心を落ち着かせることができたのは、このような理由からだろう。

# いつも朝に同じアルバムを聴く

## リュック・ベッソン（1959〜）

リュック・ベッソンは、『グランブルー』『レオン』『フィフス・エレメント』『ニキータ』などを監督したフランス出身の映画監督である。

特に『レオン』は主人公のマチルダ役でキャスティングされた少女時代のナタリー・ポートマンの魅力を最大限に引き出した作品として、**未だに世界中に熱狂的なファンを持つ作品である。**

2017年にはフランス映画史上最高額の製作費（約245億円）を投入した『ヴァレリアン 千の惑星の救世主』を監督したが、観客動員は振るわず、監督の名声にも傷がついたが、過去の作品（特に1988年〜1999年）だけでもフランスを代表する天才映画監督と言える。

彼は海辺の田舎町で生まれ育った。そこには玩具すらなかったから、友達と海辺の石を拾って、それを宇宙船に見立てて遊んだという。その思い出は彼の傑作『グラン・ブルー』にも影響を与えた。

さて、彼には独特な習慣がある。映画の製作が始まると、**毎朝音楽を聴きながら撮影に向かう。**ただし、いつも同じアルバムを聞く。

たとえば『ヴァレリアン 千の惑星の救世主』を撮影する時には、毎朝エイミー・ワインハウスの最後のアルバム『Back to Black』を聴いていたという。

そして『アウンサンスーチー ひき裂かれた愛』を撮影する時には、R&Bバンド・シャーデーのアルバムを繰り返して聴いたという。

ベッソン曰く、毎日同じアルバムを聴くと、**同じテンポと同じ感情を維持することができる**と言う。「これは音楽で昨日を記憶する方法です」と彼は語る。

毎日同じ音楽を聴くことで、自分のペースを維持する習慣は、ＮＢＡで「リバウンドの天才」と呼ばれたデニス・ロッドマンも実践していた。彼はジムでウェイトトレーニングするときには、決まってロックバンドのパール・ジャムの音楽を聴いていたという。

毎朝同じ音楽を聴くのは、単に気分を良くするだけではなく、メンタルや生活のテンポを一定に保つ効果があるのである。

# 自虐的なユーモアを使いこなす

## アレクサンドル・デュマ（1802〜1870）

アレクサンドル・デュマは、『三銃士』『モンテ・クリスト伯』『鉄仮面』などの冒険小説で有名なフランスの作家である。特に『三銃士』の血気盛んな主人公ダルタニヤンと、三銃士アトス・ポルトス・アラミスは**現在においても人気が高いキャラクターである。**たびたびハリウッド映画や日本のアニメの題材になるのも当然である。

デュマの作品は、リシュリュー公爵といった現実の人物が登場するなど、物語の背景は歴史上の事件をもとにしているが、史実はストーリーを面白くするために大胆に脚色されている（たとえるならば歴史書『三国志』と、物語の『三国志演義』の関係と似ている）。

とにかく、古典文学の中で、彼ほどエンターテインメント性に富んだ作品を書いた作家も珍しい。

デュマの小説は発表当時から大人気で、彼はベストセラー作家として成功した。

だが、一生彼を苦しませた悩みもあった。

それは**彼への人種差別だった。**

デュマの父はフランス人侯爵と黒人奴隷の女性との間に生まれた「ムラート」、つまり黒人と白人の混血児であった。よって、デュマも独特の風貌をもって生まれたが、当時のフランスは人種差別が酷く、その外見のせいで――特に成長期に――たいへんな苦労をしたとされる。

差別を受けて育った彼は、**自分を苦しめた人種問題を自虐的なユーモアに落とし込む習慣**を身に付けた。彼の短編小説『ジョルジュ』には、このような皮肉が登場する。

「私の父はムラートで、祖父は黒人、そして曽祖父は猿でした。分かりますか、先生？我が家柄はあなたの家柄が終わるところから始まったわけです」

自虐的なユーモアを駆使して相手を嘲笑する、この独特なセンスは、**彼が差別されながら磨いたものだった。**

自分を笑いものにし続けると、自己肯定感が傷ついて、自我に問題が生じそうだが研究によるとそうでもない。

アメリカのニューメキシコ大学の研究者たちが、大学生たちを相手に**「ユーモアと異性**

**に対する魅力」**について2年間調査した研究がある。研究者は話の類型を、

**1、ユーモアのない普通の話**

**2、般的な冗談**

**3、他人のミスなどをあげつらう冗談**

**4、自虐的ユーモア**

の4つに分類した。

結果、異性の話を聞いた大学生たちは、**自虐的なユーモアを言った人がもっとも魅力的だった**と答えた。特に、成績が良かったり、お金持ちの人が自虐的なセンスを発揮したとき、強く魅力を感じたという。

自虐的なユーモアを使えば、何かの理由であなたをからかおうとする相手も、その目的を達することはできない。なぜなら対象が自ら卑下しているからだ。

しかも、自分のコンプレックスをユーモアとすることができれば、右の実験結果のとおり異性から魅力を感じられる、つまりモテる人になるのだ。

これは相手との距離を素早く縮めたいときにも有効だから、ちょっと変わっているが応用する価値がある習慣である。

# カンニングをしてみる

バラク・オバマ（1961〜）

アメリカの第44代大統領バラク・オバマは「**黒いケネディ**」と呼ばれていた。絶大な人気を誇った第35代大統領、ジョン・F・ケネディに匹敵する演説の天才という意味だ。

アメリカは大統領制を敷いているから、議院内閣制を選択している国家に比べて、大統領候補の能力やキャラクターが重要だ。候補の実力によって選挙で劇的な勝利が可能な制度だからだ。

オバマは天才的な演説で**アメリカ初の黒人大統領になることに成功した。**

彼の演説を聞いて涙を流す人もいるほどだった。

オバマの妻、ミシェルも今となっては有名人だが、オバマにプロポーズされたとき、彼女は一度は断ったという。だが、オバマが演説する姿を見て、彼に惚れて結婚を決心した。

まさに人の心を動かす弁舌の才である。

感動的で完璧なオバマ演説には、意外と簡単な秘密がある。

それは、彼がいつもテレプロンプターを使って演説することである。これは、演説する者だけに、原稿を字幕で表示してくれる装置だ。オバマが演説の最中に少し口ごもったり、テロの犠牲者について話すうちに胸がいっぱいになって沈黙するといった突発的な動きなども、信じられないが、すべてが**テレプロンプターの原稿に書いてある演出である。**だが、大衆は彼がそれを使っていることに気がつかない。オバマの演技があまりにも自然だからだ。

この習慣からわかるのは、**天才的な才能もトリックで簡単に作り出すことができる**ということだ。演説と縁がない私たちも、この習慣は応用できる。電話で話すことが苦手な人は、**話したい内容を事前にメモして、読みながら通話すれば良いのだ。**こうしても相手にはまったくわからない。カンニングをしているようだが、罪悪感など感じる必要はない。学校のテストではないし、誰も損をしていないからだ。オバマのケースからわかるように、結果さえ望ましければ方法はどうでもいいのである。

余談だが、テレプロンプターが故障したときのオバマの演説は酷かった。機械を利用するときには、故障に備える必要がありそうだ。

# 不利な時には意外な手を使う

羽生善治（1970〜）

羽生善治は言わずと知れた日本が誇る天才棋士である。彼の偉大さは今さら語るまでもない。中学生でプロ棋士となり、その後7つのタイトルをすべて独占。しかもそのすべてのタイトルで連続・通算の在位期間を満たし、**2017年には史上初の永世7冠を達成している。**

彼は次のような言葉を残している。

「**人間には二通りあると思っている。不利な状況を喜べる人間と、喜べない人間だ**」

一般に、負けているゲームからは興味を失ってしまうのが普通である。なぜ、負けている状況で喜ぶことができるのだろう？

彼は、不利な局面においては、**常識は考えられない意外な一手で相手を混乱させようとする習慣**を持っている。

将棋やチェスでは、「**こういった状況ではこの一手を使う**」という「定石」がある。プロともなれば、あらゆる定石が頭に入っており、それを組み合わせて戦略を立てる。だから、その定石から完全に外れた一手を打つことで、相手が動揺することがある。

これを裏付ける、チェスに関する面白い研究がある。

チェスには、絶対にあり得ない駒の配置が存在するが、その状況では**プロのチェスプレイヤーも、一般人とほぼ同じ反応しかできないという。**これは、まったくの未知の状況では、プロも一般の人も同じような判断力しか発揮できないということを示唆している。

だから羽生は、不利な状況でも勝ちを諦めずに、予測できない手で相手を困らせながらゲームを楽しむのだ。

このような「意外な一手」で不利な状況を切り開いた事例は、ビジネスの世界からも見つけることができる。

2000年代、かつてゲームハード市場を席巻していた任天堂だったが、3DCGの時代になるとソニーなどがいち早く参入してシェアを奪い、さらにMicrosoftという黒船までゲーム事業に意欲を出し始め、追い詰められていた。

**「もう任天堂は終わったのか」**などと悲観的な観測も流れるなか、同社が打ち出した解決策は意外なものだった。

ソニーのプレイステーションやMicrosoftのXboxに対抗して任天堂が市場に送り出したWiiは、ライバルたちと3Dグラフィックスを競うハードではなかったのである。その代わり、まったく新しいインタラクションを搭載していた。

それまでのゲーム機のほとんどはコントローラーを両手で掴んでゲームをプレイするものだったが、**Wiiはユーザーの体の動きを利用できるようになっていた。**テニスのゲームは本当にテニスをプレイしているかのようにコントローラーを振り回すのだ。

3Dグラフィックスの質はライバルたちのハードと比べものにならなかったが、そんなことは問題にならなかった。Wiiの快進撃で任天堂はあっという間にシェアを奪還した。

このように、意外な手が役に立つのは、勝負の世界だけではない。

ビジネスにおいて、日常生活において、不利な状況を自覚したら、ちょっとだけクリエイティブに考える習慣を持つ必要がある。

**ゴールへの道は1本ではない**かもしれないのだ。

第5章

# 学び、自らを高めるライフハック

# 仕組みは極限まで簡略化する

ジェフ・ベゾス（1964〜）

ひと昔前は、アマゾンといえばインターネット書店の代表格であったが、今や書籍だけではなく、**流通可能なすべての商品を売る企業となった。**

特に国土が広いアメリカでは通信販売の重要性が日本と比べ物にならないほど高いため、アマゾンは最大のネット通販サイトとして重宝されている。

小さなインターネット書店からはじまったアマゾンを、今のような巨大企業に成長させたのが創業者のジェフ・ベゾスだ。

ベゾスはアマゾンの株式の16％を保有する大株主である。

2018年にはアマゾンの株価が上がったことで、ついに**ビル・ゲイツを超えて世界一の大富豪になった。**これはITビジネスの世代交代を象徴する事件として報道された。

パソコンの胎動期にはOS（オペレーティング・システム）の標準規格を作った

Microsoft のビル・ゲイツが世界一の大富豪となったが、それによってインターネットが普及して生活と密接な関係を結ぶようになったので、ネット通販サイトで流通革命を起こしたベゾスが世界一の座に躍り出たということだ。

店舗が必要ないネット通販は、価格競争力の面でも既存の小売業より有利だが、反面、リスクもある。スタッフがユーザーと直接話すことができないため、**ユーザーの不満や要請にすぐに対処するのが難しいのだ。**

少しばかり価格が安くても、必要なときに返品や交換がスムーズにできないようでは、あえて通販を利用する必要がない。いったんストレスを感じたユーザーは再び戻ってこないことが多いため、クレームがついたら、すぐにそれに対処してイメージ悪化を防がなければならない。

アマゾンが今日のように成長できたのは、いち早くインターネットを利用した通販ビジネスを展開したからだが、こういった**顧客の不満を最小限にとどめる努力を怠らなかった**ことも大きい。

ベゾスは現在も自分の名を冠したメールアドレス（jeff@amazon.com）を一般人に公開しており、直接顧客からの意見を聞く姿勢を見せている。

彼はユーザーからの要請や提案、抗議に目を通し、**重要だと判断したメールには「?」だけを追加して、担当者に転送する習慣**を持っている。

そのメールを受け取った社員は、一刻も早くそのクレームの原因を調査して、問題解決のロードマップを作り、上司に確認してもらったあとでベゾスに返事をしなければならない。数時間以内に返事をしなければならないから、「?」メールは「時限爆弾」と言われている。

さて、ベゾスの習慣が優れているのは、**顧客のクレームを即座に処理する仕組みを極限まで簡単にした**点である。習慣に関する仕組みは複雑である必要がない。簡単になればなるほど、習慣を定着させるには有利だからである。

日常生活に落とし込むとすれば、最近は健康を管理するためのスマートフォン用のアプリケーションがたくさんあるが、健康管理のためにそんな複雑な方法をとる必要はない。

単純ながらも良い方法を紹介しよう。

カレンダーに運動した日は「○」を、しなかった日は「×」を書き込んで、**「2日続けて×がつかないようにする」**という原則を決めるだけで事足りる。

習慣は簡単なシステムとセットにすると、身につきやすいのである。

# 情報は直接手に入れる

スティーブン・スピルバーグ（1946〜）

スティーブン・スピルバーグは**現代を代表する映画ヒットメーカーである。**『プライベート・ライアン』『シンドラーのリスト』で2度のアカデミー監督賞に輝いたほか、娯楽性に富んだ超大作も多く手がけている。

実は、そんな彼の大学での専攻は映画とは関係ない、英文学科である。もとは映画学科に進学しようとしたが、成績が悪くて進路変更をせざるを得なかったのだ。彼が入学したのはカリフォルニア州立大学の英文学科だったが、そこを選択した理由は、隣にユニバーサル・スタジオがあったからである。

学校では映画を勉強することができないから、せめて映画製作の現場をたくさん見ておきたかったのだ。入学後、スピルバーグは念願かなってユニバーサル・スタジオを見学する機会にめぐまれた。

同スタジオは撮影現場を観光客にも公開していたから、見学自体はそう難しいことではなかった。だが、**彼は観光客として訪問するだけでは気が済まなかった。**

勝手に会社の中に入っていって、もっと多くのものを見ようとした。厳重なセキュリティをくぐり抜けてウロウロしているうちに、スピルバーグは編集局長のチャック・シルバーズとばったり出会う。

シルバーズはこの若者が勝手に入ってきたことを知ったが、彼の情熱と、彼が作った4本の短編映画の話などをするうちに気に入り、翌日も会社を訪問できるように通行証を発行してくれた。

味をしめたスピルバーグは、翌日から父の書類かばんを持ち、**社員のフリをしてユニバーサル・スタジオに出入りするようになった。**大学を卒業して入社するルートもあったはずだが、とにかく映画が作りたかった彼は、それまで待てなかったのだ。

だから毎日ユニバーサル・スタジオに「出勤」すると、編集スタッフや録音エンジニアが働くところを見て、映画製作のイロハを吸収していった。誰も使っていない事務室を見つけたので、自分の名札を作ってかけておいたという。

通行証の有効期限はとっくに切れていたが、誰もスピルバーグのことを侵入者だとは気づいていなかった。

このような日々が2年も続いたが、さすがに正体がバレてしまい、セキュリティに追い出されてしまった。だが、彼はスタジオに「勤務」する中で、**すでに数人の取締役とコネクションを築いており、**後に映画を作るようになってから、ユニバーサル・スタジオと組むことができた。

社員のフリをして毎日映画会社に潜り込み映画作りを学んだ、彼の2年にわたる習慣から学べるのは、**「情報はできれば直接手に入れる」**態度である。

もちろん、下手をすれば犯罪行為だから、そのままマネすることはできないが、情報の中には直接手に入れなければならない種類のものがあり、そんなときは迷わず行動力を発揮する必要がある。

たとえば、漫画が好きで、漫画編集者になりたい人がいるとしよう。

漫画編集者への道としては、編集者養成講座や専門学校を経由することも考えられるが、これは明らかに周り道である。漫画家と編集者がどのような打ち合わせをしているのか、印刷所に渡すファイルはどのような形式なのか、こういった実務面の情報は直接経験しなければなかなか手に入らない。

間接的に情報を得ようとするより、出版社にインターンやアルバイトで潜り込むほうが、数倍早く現場の知識が身につくだろう。

これはあらゆる分野で言えることである。

理論だけでは学ぶことができない知識は、**行動で手に入れるしかないのである。**

# 名言を壁に貼って毎日それを眺める

ピーター・ディアマンディス（1961〜）

ピーター・ディアマンディスはシリコンバレーで15社以上の企業を設立した企業家だ。もっともよく知られている企業は1995年にレイ・カーツワイルと共同で設立したXプライズ財団である。この財団は珍しい仕組みを持つ組織で、**地球規模の難題の解決方法をコンテスト方式で募集するのである。**

具体的には汚染された海の浄化方法、月面旅行のための宇宙船の作り方、自動車のエネルギー効率を高める方法など、多種多様である。

コンテンストは毎年2〜3回開催され、毎回全世界からたくさんのチームが参加する。課題が現在のテクノロジーでは実現不可能なこともある。たとえば「**身体にタッチするだけで健康を診断するデバイスを作ってみろ**」などである。

なぜ、こんなことをしているかといえば、莫大なお金で人々のチャレンジ精神を刺激するためだ。

このコンテストに挑戦するのは、世界中の天才エンジニアや科学者たちだ。彼らの頭の中には素晴らしいアイデアが詰まっているが、**お金がなければ試すことはできない**。Xプライズ財団は、このアイデアを発掘するために賞金とコンテストを用意しているのである。

身体にタッチするだけで健康診断ができるデバイスは、それが完成されたわけではないが、それを可能にする多くの技術やアイデアは集まった。また、「**油で汚染された海を浄化する方法**」を募集したときには、優勝したアイデアによって実用化にこぎつけた。

同財団の設立時の基金は3億円くらいだったが、現在では3兆円近い。

Apple や Google、Tesla など多くのグローバル企業から、莫大な投資を受けるようになったからだ。SFを現実化するようなアイデアで世界を変えようとする、まさにシリコンバレーらしい財団である。

さて、設立者のディアマンディスは、常にたくさんの企業で正しい意思決定を下さなければならない立場だから、**意思決定に役立つ名言を壁に貼っておいて、毎日それを眺める習慣**を持っている。

歴史上の偉人の言葉もあるが、自ら作り出したものもある。

例えば、次のような内容だ。

「走れるときに、歩くな」

「疑うときには、考えろ」

「速く行動すればするほど時間は徐々に流れ、より長く生きられる」

「勝つことができないなら、ルールを変えてしまえ」

「いいニュースは注目されない。悪いニュースが売れる。我々の脳はいつも恐れの対象を探しているからだ」

これらはディアマンディスの「オリジナル名言」だが、私たちの日常生活やビジネスに活かせる知恵が含まれている。**世界中で語り継がれている名言には、このように深い知恵が凝縮されている**から、感銘を受けた言葉は壁に貼り出して噛みしめるのが良いだろう。

# 死ぬまで日記を書き続ける

レオ・トルストイ（1820～1910）

日記といえば、小学校のころの宿題の定番である。

筆者も、夏休みに毎日日記をつける宿題を出され、いやいや取り組んだ記憶がある。結局ほとんど書かずに、夏休み最後の日に一気に書いてしまった。天気を適当に書いたから、それがバレることを心配しながら……。

『戦争と平和』『アンナ・カレーニナ』などで知られるロシアの文豪、レオ・トルストイは、**19歳から死ぬまで、60年にわたって日記を書き続けた。**

「なんて小学生のような、つまらない習慣なんだ」と思う読者もいるだろうが、彼が日記を書き続けたのには、明確な理由があった。

それは、**自分の日常を記録して冷静に観察し、自己管理のために活用するためだった。**

特に彼の日記には、勉強についての記述が多い。何を、どのような計画で勉強するのか、その計画は実践されているのかを、彼は日記に記録して自分を管理したのだ。

勉強については、こんな率直な記述もある。

「私は自身にあまりに多くのノルマを課した。すべてを一気に行うつもりだったが、力が足りない」

無理な計画を立てた彼は、その方法が悪かったことを日記に記録して、その間違いを繰り返さないようにしたのだ。

トルストイは2歳のときに母を亡くし、9歳の時には父も亡くなって孤児になってしまった。学校に通えなかった彼は、自力で研鑽を積み、ロシアで最高の文豪になったのだ。

インターネットはもちろんのこと、本が高価だった19世紀末に独学することは簡単ではなかった。厳しい環境で成功するためには、強い意志と自己管理が必要不可欠だったが、トルストイはそれを日記を書く習慣で身につけたのだ。

日記には自分の決心を書いた記述も多い。まとめてみよう。

**・したいと思ったことは必ず実行する**

**・実践するときには一生懸命に行う**

**・仕事は一度にひとつずつ取り組む**
**・自分が持っている知恵をさらに育てていく**
**・本から得た知識は再び読まなくても良いほど完全に自分のものにする**
**・他人の意見に左右されない**

トルストイが死ぬまで書き続けた日記は合計で約20冊もある。
日常の記録から、勉強の計画とその実践、宗教と哲学への考察、若いときの情欲と女性関係、それに対する罪悪感と反省などが丸ごと記憶されている。日記を書くことによって作家としての文体の確立にもつながったようだ。

かといって、トルストイがずっと実践と反省についてシステマティックに書き続けたのかというと、そうではない。日記には次のような内容もある。

「性欲に対する最も良い態度は、それを我慢することだ。次の良い方法は純潔な女性ひりだけと関係を結び、子供を産んで一緒に育てることだ。次の方法は欲望に屈服して売春宿に行くとか、多くの女性と淫らな関係を結ぶとか、女性と関係を結んだ後に捨てることである。もっと悪い方法は、他の人の妻と関係を結ぶことである。最悪の方法は、不貞な女性と一緒に生きることである」

**文豪としては幼稚な内容だし、論理的でもない**が、これは当時の彼が初期キリスト教の教えにあこがれ、禁欲生活に関心を持っていた時期に書かれたものだ。

驚いてしまうのは、日付は１９００年で、彼は１８２８年生まれだから、これは72歳のときの日記なのである。彼は老人になっても、まるで思春期の少年が書くような記述を日記に書いていたのである。だが、これこそ日記の本質をよく表していると思う。

日記には決まった形式もないし、トルストイの事例からわかるように、内容が幼稚でも問題ない。

今日何をしたのかを記録するだけでもいいし、明日何をするかの計画を書くのも良い。自分の悩みを吐露しても、将来の夢について書いても良い。

日記帳に書いても、手帳に書いても、非公開のTwitterアカウント（セキュリティには気をつけて！）にぶちまけても良い。

日記が人の能力向上に役に立つのは、ここで詳述するまでもなく科学的に証明されていることだから、**読者も形式を気にせず、まず書き始めてはいかがだろうか。**文豪の日記の内容がこんなものなのだから、何も恥じることはないはずだ。

# 刺激を与えてくれる友を持つ

クルト・ゲーデル（1906〜1978）

数学に関心がない人でも、**「不完全性定理」**という言葉は聞いたことがあるだろう。何となく不安を覚えさせる響きだが、数理体系が確かなものだと信じたい数学者たちにとってはより深刻な意味を持つ。

不完全性定理は、**どんな数学の論理体系も、完全な真理だとは証明できない**、ということを証明したものだからだ。

当時の数学界において、もっとも強い影響力を持っていた学者は、ダフィット・ヒルベルトだった。彼の悲願は、数学全体の完全性と、無矛盾性を完成させることだった。

ヒルベルトはこれを達成するために、「ヒルベルトプロジェクト」を提示し、全世界の数学者を鼓舞した。1930年、68歳の彼は、退官にあたっての演説で、自分がいつか必ずこの夢をかなえることを、多くの数学者の前で宣言した。

**「我々は知らなければならない。我々は知るだろう！」**

ところがその1年後、クルト・ゲーデルという25歳の若き数学者が、次のような事実を証明してしまった。

**1、どんな論理体系も、その中には真実なのかわからない命題が存在する**
**2、もし、すべての命題の真偽が明らかになったら、その論理体系は破綻する**

これは数学界にとって衝撃的な結果だった。確かな真理があると考えられていた数学の世界にも、真理かどうか判断することができないものが常に存在し、その真偽が判明したら、どんな論理体系も崩れ去ってしまうことが証明されてしまったのだ。

さて、不完全性定理を証明したゲーデルはウィーン大学に勤めていたが、ナチスから逃れるために渡米し、プリンストン高等研究所の所長となる。気難しい性格で知られるゲーデルだったが、そこで親しくなったのが、同僚のアルベルト・アインシュタインだ。

当時のアインシュタインは60代であり、さすがに研究活動も低調になっていた時期だ。そんな彼にとって、若いゲーデルの存在は刺激になったらしく、2人は家族のように親密になって、**物理学、数学、哲学など多くの分野について討論することが習慣**になった。

アインシュタインは、「**私は退社してゲーデルと散歩するために出勤している**」とまで言うほどだった。この習慣はゲーデルにも刺激を与え、1949年にはアインシュタインの「一般相対性理論」について「ゲーデル解」を発表している。

天才というと孤独な印象があるが、それは自分の知的水準にふさわしい人間が周りにいないだけかもしれない。ゲーデルにしても、自分にインスピレーションを与える人とは簡単に友だちになれるのだから、わざと孤独になろうとする人は存在しないのである。

天才ですら、人からのインスピレーションを発想の源泉としているのだから、**凡人の我々がたったひとりで成せることなど、本当にたかが知れている。**アインシュタインほどではないにしても、自分に刺激を与えてくれる友は人生に不可欠である。

※不完全性定理については分かりやすく説明するために「論理体系」と書いたが、正確には「公理体系」。数学的に正確な定義については専門書を参考にされたい。

# 問題は分けて解決する

## イングヴェイ・マルムスティーン（1963〜）

大衆音楽の世界には天才と言われる人物はたくさんいるが、そのなかでもイングヴェイ・マルムスティーンは、**ギターの歴史を変えた**と言われるほど影響力が強い天才ギタリストである。

マルムスティーンが初めて登場したとき、そのクラシックとヘヴィメタルが融合した新しいスタイルに、多くの人が熱狂した。

彼の特徴は、それまで誰も見たことがないような、凄まじく速いテクニカルな演奏だった。「ディープ・パープルのギタリストとして有名なリッチー・ブラックモアは、マルムスティーンのアルバムを聴いたとき、**「実際の演奏ではなく、アルバムを早送りしたのだと思った」**と語るほどだった。

もちろん、マルムスティーンが成功したのは、ただ演奏が速いからではない。クラシックの影響を受けた、優秀な作曲能力のおかげである。幼いころからクラシックが好きで、ニコロ・パガニーニなどを好んだ彼は、ロック音楽とエレクトリック・ギターも好きだった。

誕生日にプレゼントしてもらったエレクトリック・ギターでいろいろな曲を練習した彼は、いつかはパガニーニのようなかっこいい音楽をエレクトリック・ギターで演奏できるようになるのが夢だった。

マルムスティーンは、クラシックの世界ではテクニックがなければまともな演奏ができないことを知っていた。ロックの世界では、テクニックを磨かなくても成功するバンドがいたが、彼が追求する音楽はそんなものではなかった。

彼は、特にクラシックの速い曲をギターでコピーすることができるように、指から出血するほど、ずっと練習した。**数年間のトレーニングで、彼はいくら速い曲でも演奏できる能力を手に入れた。**そして、ロックの世界に彗星の如く登場した。

その後のロック界に与えた影響は大きいが、中でもロック音楽の水準を高めた貢献は注目されるべきだろう。マルムスティーンの登場後、ロックバンドがギターの演奏に要求するレベルは明らかに高くなった。スリーコードだけを引きながら、適当に演奏するバンドはもう大衆を満足させることができなかったのである。

マルムスティーンによると、彼は速い曲を練習するときには、**右手と左手を分けて練習する習慣**を持っているという。両手で別々に練習したあとに、それを合わせるのだ。しかし、ピアノのような楽器ながら、右手と左手で別々に練習することは自然だが、ギターは左手でストリングを押して音を決めて、右手でストリングを引いて音を出さなければならない。

左手で練習するときには、音が出ないし、右手で練習するときにはいつも同じ音が出てしまうことになる。それでも彼は、速い演奏という難しい仕事をこなすためには、右手と左手それぞれに簡単な仕事をさせて、作業を分割することで解決するのだという。

このように、難しい仕事を簡単な仕事に分解して解決することを、「分けて征服する(divide and conquer)」といって、科学やエンジニアの分野で多く使われる技法である(divide and conquer は普通「分割統治法」と翻訳されるが、実は「分けて征服」に近い)。

これは学習習慣として活用できる。たとえば、映画を観て英語を聴く訓練をしているときどうしても聴きとれないことがある。そんなときに、**最初聞く時には母音だけ、2回目に聞く時には子音だけに集中して聞く**などの方法を使い、「分けて征服する」テクニックを活用することができる。

# 文系は理系の 理系は文系の知識に触れる

ヴィタリック・ブテリン（1994～）

パソコンの発明、そしてインターネットの発明は、ITテクノロジーの歴史上もっとも重要な事件だといえる。ではこの次には、何があるのだろうか？

多くの専門家は、**仮想通貨――もっと正確にいえば、それに使われるブロックチェーン技術――が次の革命を起こす**と予想している。

ここ10年を無人島で過ごしていたという人以外、ビットコインや仮想通貨については耳にしたことがあるだろう。今はその技術の実験をしている段階に過ぎないが、後には仮想通貨の基盤となっている技術、ブロックチェーンが、経済システムの多くを代替すると予想されている。

たとえば、今は銀行の預金データが銀行のハードディスクに保存されているが、**万が一それが破壊されたりハッキングされると、預金した記録は全部なくなってしまう。**

だから銀行も、毎日注意深くデータをバックアップして管理しているが、このように**中央集権型でデータを管理するシステムは、いつか重大な事故が起きたらおしまいである。**

ブロックチェーン技術はそのデータを、簡単にいうと、世界中のコンピューターに保存するものだ。そして、そのデータは誰かが偽造することも、破壊することもできないようになっている。この技術があれば、データを管理する銀行などの中央機関がなくても、銀行と同じ機能を、もっと安全に果たすことができるのだ。

そして、ビットコインは、「ナカモトサトシ」という匿名の人物が作った、ブロックチェーン技術をテストするために作られた仮想通貨システムである。その後、ビットコインの短所を改善したいろいろな仮想通貨が登場したが、そのなかで最も有名なのが「イーサリアム」である。ビットコインはただお金を電送するだけだったが、イーサリアムは「チューニング完全」なシステムである。

これが意味するのは、イーサリアムでは、**理論的にコンピュータで可能なすべての作業を組み込めるということだ。**だから次世代の仮想通貨は、だいたいイーサリアムを参考にして作られている。

ビットコインと違って、イーサリアムを作った人は、自分の正体を隠さなかった。ヴィタリック・ブリテンこそ、その仮想通貨を作った天才プログラマーだ。彼がイーサリアムを発表したのは、弱冠19歳のときである。この業績で2014年、**「技術分野のノーベル賞」と呼ばれている「ワールドテクノロジーアワード」を受賞している。**

他の候補には、あのFacebookのCEO、マーク・ザッカーバーグもいたがブテリンの業績がそれより重要だと評価されたのだ。全世界の人が使っているSNS（ソーシャル・ネットワーキング・サービス）を作ったのもすごいが、仮想通貨の未来を開いたブテリンの貢献はそれを上回るものだったのだ。

ブテリンは1994年にロシアで生まれ、5年後にカナダに移り住んだ。彼は小学生のときから数学とプログラミングと経済学に関心を持った。ゲームが作りたくてプログラミングを勉強した彼は、10歳には自らオンラインゲームを作った。

その後、**彼が関心が持ったのが仮想通貨だった。**

17歳でビットコインの開発者として働いた彼は、仮想通貨が既存の経済システムの多くを代替できる、無限の可能性を秘めていることを知った。だが、ビットコインだけでは不十分だった。前述したように、ビットコインは最初から、その機能をお金の電送だけに限っていたからだ。

だから、彼は送金以外の多くの機能を持たせた、新しいシステムを作ろうとした。その結果、誕生したのがイーサリアムだった。イーサリアムの成功で、ブテリンは一瞬にして全世界が注目する若き天才となった。

当然、仮想通貨市場では、通貨としてのイーサリアムの価値も高くなり、それを含めて**彼が所有している仮想通貨の価値の総額は、約４０００億円以上だと推定されている。**

ブテリンの特別な習慣は、本業は理科系の仕事だが、片手間に文科系の仕事や勉強をすることである。たとえば、彼は趣味で外国語を勉強している。範囲も、英語、ロシア語、フランス語、ドイツ語、中国語、古代ギリシャ語、ラテン語に及ぶ。

彼は、母国語の英語とフランス語以外の言語を勉強するために、**映画を観るときは、わざとフランス語やドイツ語のバージョンを選ぶという。**

ブテリンが趣味で取り入れた文科系の知識は、彼の収めた成功にもかなり貢献したと思われる。なぜなら、仮想通貨とブロックチェーンは、社会のシステムの多くの部分を代替する技術だから、経済学などについての洞察が不可欠だからだ。

彼の頭脳と業績は特別だが、その習慣は一般人の私たちも取り入れる価値がある。研究によると、**脳は同じ種類の刺激が続くと、やがて反応が鈍くなっていく**という。

だから、長い時間同じ仕事・作業をしていれば、頭が疲れてしまうのは当然である。脳にはいろいろな種類の刺激が必要なのだ。

自分の仕事が**理科系の研究職なら、暇なときに文学や社会学に触れてみると新鮮な刺激が得られるだろう。**逆に、**自分が文科系の企画職や営業職だったら、コンピューター関連などの本を読んでみる**と良い。

普段、自分が仕事で使っている分野とは、まったく違う知識に触れて頭脳がリフレッシュされるはずだ。

# 毎朝15分を将来に投資する

## サティア・ナデラ（1967〜）

Microsoft はOS（オペレーティングシステム）市場で大成功を収めた企業だが、その後のインターネットの普及、スマートフォンの普及、クラウドの登場にきちんと適応できなかったため、それ以上の成長ができずに衰退しかけていた。

**年老いた恐竜のような Microsoft を復活させた**のは、2014年に新しくCEOに就任したサティア・ナデラだった。彼の就任後、下落していた株価は大きく復活し、会社のブランド価値も世界第3位に復帰した。

インド出身の彼は、クラウドの専門家である。Microsoft の弱点だった最新テクノロジーに精通しており、前任のCEOたちと違って温和な性格で知られ、社員と積極的にコミュニケーションをとっている。

デスクトップPCの市場のシェアに安住しているうちに、インターネットは Google に、スマートフォンはAppleに負けてしまったMicrosoftにとっては起死回生の人事だった。

言うまでもなく、MicrosoftのCEOはとても忙しい職種である。ナデラは多くの幹部たちと会議をしたり、政府関係者と会ったりしているうちに1日は終わってしまう。ひとりきりの時間などないに等しい。

だから彼は、**朝の出勤前の時間を最大限に活用する習慣**を持っている。

ナデラは朝にランニングマシーンで30分ほど体を動かし、頭の中で仕事の計画を立てる。

そして、**15分間はオンライン講座を視聴して、新しい知識を習得する。**

IT企業のトップは、最新テクノロジーについて勉強し続けなければならないのだ。

私たちは「忙しくて時間がない」とよく言い訳をしてしまうが、どんなに忙しくても、1日15分くらいは将来の自分に投資できることは、ナデラが証明してくれた。結局は自分の身に返ってくることだから、1日のほんの断片を未来の自分のために使うのは良い習慣である。

# 読書で自分の知らない世界に触れる

ビル・ゲイツ（１９５５〜）

経済誌「フォーブス」によると、**Microsoft創業者のビル・ゲイツの財産は約10兆円にのぼるという。**パソコンの草創期にＯＳ（オペレーティング・システム）の市場を制覇して世界一のお金持ちになった彼は、本書の執筆時点ではＩＴビジネスからは引退して、妻の影響もあって慈善事業に全力投球している。

**世界一の天才にして億万長者の１日の日課はどんなものなのか、**その習慣と併せて見てみよう。

ゲイツは起床すると、自分のジムで1時間ほど、ランニングマシンなどを使った有酸素運動で体を動かす。その後は、新聞を流し読みしながら、1日の準備をする。

彼が購読している新聞は、「ニューヨーク・タイムズ」「ウォール・ストリート・ジャーナル」「エコノミスト」の3紙である。妻曰く、朝食をとらないことも多いが、気が向いたときはチョコレートシリアルを好んで食べるという。

そして、自身が経営している慈善事業の仕事のために出勤する。Microsoftの経営からは退いているものの、慈善事業ものんびりと展開しているわけではない。今でもゲイツのスケジュールは5分単位で計画されるほど忙しい。

**彼は働くときは常にメモをとる。**計画やアイデアを書き留めるためである。これは昔からの習慣で、現役のプログラマーだったときも、ソフトウェアの構造をノートに書き出したあとにプログラミングを始めていた。

彼は昼食に好んでチーズバーガーを食べる。マクドナルドのビッグマックを食べることも多い。世界一のお金持ちとしてはずいぶん質素な食事だが、**食事に執着しない**のはゲイツの若いときからの性格である。

昼食を食べたあとは、ひたすら仕事を続ける。慈善事業を世界中で展開している関係上、飛行機で移動しなければならない場合も多い。慌ただしく移動するので、余計に食事に使う時間は少なくなっていく。

だが、彼は**いくら忙しくても、読書する時間だけは確保している。**

若いころからたいへんな読書家だったゲイツは、個人用の図書館まで持っている。そこには世界に1冊だけの本も蔵書している。たとえば、レオナルド・ダ・ヴィンチが直接書き込んだノートなどである。

ゲイツはMicrosoftを経営していたころも、たびたび読書のために休暇をとった。ついでに旅行を楽しむといった性格ではなく、**完全に読書に時間を充てるためだけの休みだ。**ときには、外部からの連絡を断って、読書のための山荘に一週間も籠もった。

彼はブログに自分が読んだ本の感想を書く習慣を持っている。ゲイツが高く評価した本は、一気に売上が伸びるため、とても影響力の大きい読書ブロガーでもある。

退社して夕食をとると、ゲイツはしばしば自ら食器を洗う。

睡眠は7時間はとるようにしているらしい。

週末になると、ブリッジ（トランプゲーム）に興じる趣味を持っている。若いときには友人とポーカーで徹夜をしたりした彼だったが、今はそれほど多くの時間を使っていない。それでも、歳をとった今も、トランプゲームはゲイツにとって大事な娯楽である。

トランプゲームは、**昔から彼の旺盛な闘争心を解消する役割を果たしている。**かつては友人と自動車でどちらが先に目的地に到着できるか賭けるなど、危険な競争が好きなゲイツだったが、今は年をとったからか、乱暴な基質はずいぶん改善されたらしい。

ここまでゲイツの日課と習慣を詳しく紹介してきたが、このなかで**彼の成功にもっとも貢献した習慣を選定するとすれば、やはり読書だろう。**

ゲイツのライバルたちのなかには、技術的な面においては彼より優秀な人物がたくさんいたはずだが、ゲイツほど経営戦略に長けた者はいなかった。

前述したように、ゲイツが世界一のお金持ちになったのは、パソコンのOS市場を制覇したからだが、彼がこのビジネスに進出したとき、市場を支配していたのはゲリー・キンダルという企業家だった。典型的な理工系の人で**「私が作ったプログラムはあまりにも美しい。額縁に入れて壁にかけておきたい」**と発言したりした。

反面、ゲイツは大量の読書を通じて、文科系の知恵もたくさんつけていた。さまざまなジャンルのビジネス書を読破し、前述したように経営戦略について詳しかった。新聞や雑誌も好んだから、最近のトレンドもよく知っていた。

ライバルが自身の専門分野にだけ詳しい純真な人たちならば、ビジネスの世界を知っているゲイツが勝てるのは当然なことだろう。

彼の成功へのプロセスからもわかるように、読書の効用とは、**自分がいる世界とはまったく違った景色を見せて、視野を広げてくれる**ことなのだとわかる。

# 毎朝10分最も大事なことを勉強する

ロンブ・カトー（1909〜2003）

ロンブ・カトーは、史上もっとも知名度の高い翻訳家のひとりである。

多数の言語を操る人のことを「ポリグロット（polyglot）」というが、**彼女は16か国語に精通している、まさに天才だった。**ハンガリー出身の彼女は、母国語のハンガリー語に加え、英語、フランス語、ロシア語、ドイツ語の５か国語をネイティブレベルで使いこなした。

それに次ぐレベルにあったのが日本語、中国語、スペイン語、イタリア語、ポーランド語で、その他の６か国の言語についても、雑誌を読んだり翻訳ができる技能があった。

彼女は最初の同時通訳家のひとりとして、世界中を飛び回って活躍した。

言語学者によると、カトーは**全世界のポリグロットの中でも、最高の水準にあった**という。一般の人では努力しても３か国語を使いこなすのが限界と言われているから、16か国語というのは次元が違う能力だ。さらに信じがたいことに、彼女が外国語を学び始めたのは20代半ばになってからで、大学の専攻は化学と物理学だった。

そんな彼女が、言語の達人になることができたのは、正しい勉強習慣を実践していたからである。カトーが自著で詳しく明かしているので、一部を要約してお伝えする。

**・毎日その言語で思考する。毎日10分はその外国語で話す。特に朝が効率的**
**・学習意欲がないときにはあまり無理しない。かといって完全には諦めない**
**・意欲がないときには勉強の方法を変えてみる（読解の代わりにラジオを聴くなど）**
**・勉強したことを日常で活用してみる。たとえば街の看板や広告を解釈してみる**
**・文法から学ばず、言語から文法の規則性を発見する**

これが不可能を可能にした彼女の勉強法である。
極めてまっとうな内容であり、外国語以外の一般的な勉強にも応用できるだろう。

# 勉強は理論と実践の両輪とする

## ブルース・リー（1940〜1973）

ブルース・リーは、香港出身の武道家・映画俳優である。彼は『ドラゴンへの道』『死亡遊戯』などの代表作で知られるが、自分の武術の集大成である「截拳道《ジークンドー》」を創始した武道家としての顔も持つ。

32歳の若さで亡くなったこともあって、**ハリウッドでは未だに伝説的な存在**で、彼のトレードマークである黄色い服は、クエンティン・タランティーノ監督の『キル・ビル』で主人公のビジュアルとしてそのまま使われている。

なぜ彼がここまでの文化的アイコンになったのかといえば、**リーが東洋の武術を西洋に広めた最初の俳優だからである。**映画の出来そのものは、当時の水準から見ても、そこまで優れていなかったが、世界中の男たちは初めて見る東洋の武術に熱中した。

演技のために武術を学ぶ映画俳優はたくさんいるが、彼の場合はその逆で、映画が武術を広めるための手段だった。

『燃えよドラゴン』を撮影するときは、リアルな演技を求めて喧嘩に自信がある不良たちを集め、彼らを実力で圧倒し、屈服させてから撮影をはじめたという。

彼の動きを撮影したフィルムを見ると、肉眼で捉えられないほどのスピードである。リーのキックの練習相手になったことがある人物によれば、彼のキックの威力はパッド越しの一撃でも、まるで車に轢かれたような衝撃があったという。

彼がハリウッドに武術を伝えられたのは、武術についての深い理解があったからである。出演作自体は地味だったものの、武術は本物だったのだ。

そして、**リーは武術の実践だけではなく、理論の研究も同時に進める習慣**を持っていた。

「どうすれば実戦で相手を早く制圧することができるだろうか？」

「相手に殴られても、被害を最小にするためには、身体のどの部位を鍛錬する必要があるか？」

このような疑問への答えを得るために、たくさんの本を読んで勉強した。

**彼の家には2つの部屋があった。**

ひとつの部屋は運動のための部屋だった。ここではウェイトトレーニングなどの体の鍛錬を積んだ。

もうひとつの部屋は理論を勉強するための部屋だった。

ここでは、どうすればウェイトトレーニングを武術に応用することができるか、栄養の摂取はどうすればいいか、といった命題を説くため、日夜読書して勉強した。

さらに、ワシントン大学哲学科出身者らしく、武術から哲学的な意味を探ろうとした。

**「知るだけでは不十分だ。実際に応用しなければならない。意志があるだけでは不十分だ。実行しなければならない」**

**「成功する戦士は、レーザーのような集中力を身につけた、ごく普通の人間である」**

**「恐れは不確実性から来る。その恐れは自分自身をよく知ることで無くすことができる」**

**「幸せであれ。しかし決して満足するな」**

彼の言葉は、映画俳優が残したとは思えない、金言だらけである。

リーが、ただ体がよく動くアクション俳優ではなく、西洋に肉体と精神の鍛錬の方法として武術を伝えることができたのも、このように実践と理論を同時に追求したからだろう。

何か一生を通じて突き詰めたいものがある読者には、胸に刻んで欲しい習慣である。

# 外国語の習得を諦めない

李嘉誠（1928〜）

**香港の企業家・李嘉誠《りかせい》はアジア最高のお金持ちである。**彼は2013年に世界の富豪ランキングで第8位を記録して以来、毎年同じような順位を維持している。

彼の財閥は中華圏で財を成したが、最近では中国での資産を売却し、欧米に財産を移している。李嘉誠が直接語ったわけではないが、これは中国の衰退を予見しているからだと思われる。「脱亜入欧」の現代版ともいえる動きであり、中国政府は不快感を隠していないという。

その李嘉誠は**1928年生まれの老人だが、毎日退社した後に英語を勉強する習慣**を持っている。テレビ番組の録画を観ながら、英語字幕を高い声で読む。この地道な努力のおかげで、彼は相手が舌を巻くほどの英語力を身につけたという。

社会人の読者は実感していることだと思うが、**大人になってから外国語を習得すること**

**は本当に難しい。**香港はイギリスの植民地だった影響で、英語も公用語になってはいたが、本物の英語力を身につけている人は多くない。李嘉誠も英語で育ったわけではないから、大人になってから英語を勉強し直しているのだ。

彼のように、英語が母国語ではなくても、諦めずに勉強を続けることは、国際化社会で情報を得たり、コミュニケーションをとるためにとても役に立つ。

興味深い現象がある。

インターネットが普及し、また英語をしゃべる人が増えてきたことで、良質な情報が英語に集中する傾向が深刻化しているのだ。１９８０~１９９０年代は、「科学技術分野に限ってはドイツ語も捨てがたい」といった主張は聞いたことがあるが、21世紀になると、そんなことを言う人は見たことがない。

つまり**この現象は今後も加速するのだ。**

読者も「日本で生きるうえでは困らないし、歳をとってしまったから外国語なんて……」とは思わず、李嘉誠のように少しずつでも勉強すべきだ。少しずつでも続ければ理解できることが増えて楽しいし、日本語では検索できない資料を活用できるようになる。

# 時と場所を選ばず読書する

ナポレオン・ボナパルト（1769〜1821）

ナポレオン・ボナパルトは革命期のフランスに颯爽と現れ、卓越した戦略・戦術で次々に戦争に勝利し、**一時はヨーロッパのほとんどを支配した人物だ。**彼の戦歴の特徴は、少数の兵力で多数の（ときには数倍の）敵に勝利した戦いが多いことである。

たとえ少数の兵力でも、それを機動的に運用して敵の弱い部分を攻撃すれば、局地戦で勝利することができる。すると、敵は弱い部分から次々と崩れ、やがて総崩れとなってしまう。このようなナポレオンの戦略を、他国の将軍たちが理解するまでには長い時間が必要だった。そして気づいたときにはすでに、ヨーロッパのほとんどはナポレオンの手中にあったのだ。

ナポレオンの優れた用兵術は、**膨大な数の書物を読むことで養われたものである。**彼の読書好きは度を越しており、遠征するときも戦場に馬車で多くの本を持って行った。

長期戦が予想されると、さらに多くの本を持ち込んだ。彼が４週間のエジプト遠征に出発するときは１０００冊以上の本を用意したというから驚きだ。

このように、**戦争に武器や物資だけではなく、「移動図書館」を連れて行く習慣**は、ナポレオンが破滅して流刑になるまでずっと続いた。彼の人生は戦争と読書漬けだったと表現しても言い過ぎではない。

さらに、本を読むにあたっては時と場所を選ばなかった。もちろん営舎でも読んだが、馬で行軍するときは馬上でも読書していた。ちなみに、彼は本を読み終わるとその場に打ち捨てていく奇妙な癖を持っていた。

さて、彼はどのような本を読んでいたのだろう。

ナポレオンは主に、砲撃の原理、スパルタの戦術、エジプトの歴史、イギリスの歴史、気象学、天文学などについての書物や、『君主論』などを愛読したという。ジャンルは多岐にわたるものの、すべてが広い意味で軍事——彼の仕事である——に関係してくる知識を取り込もうとしていたことがわかる。

ナポレオンの生涯は**読書に影響され、助けられてきた人生だったといえる。**偉大な軍人になろうと決心したきっかけは、幼いころに『プルターク英雄伝』を読んだからだ。アレキサンダー大王や、ユリウス・カエサル、ハンニバルといった英雄をロールモデルとしたのである。

また少尉に任官してからは、古今東西の戦略・戦術に関する本を読み漁った。彼が世界最古の兵法書『孫子』を読んでいたと推測する人も多い。ナポレオンの戦術と『孫子』の兵法には共通点が多いからだ。

ナポレオンはヨーロッパ全土に戦火をもたらしたこと、皇帝の座に就いたことで後世においても批判されるが、いっぽうで誰も否定することができない業績も残した。

それは「**ナポレオン法典**」を公布したことである。

これは今日の民主主義法体系の基盤となる「所有権」「契約の自由の原則」「過失責任主義」などを定義している、最初の近代的な法体系である。今日の私たちが言う「法治主義」はこのナポレオン法典が作り出したものである。

このような業績も、読書習慣なくしては生まれ得なかった。

読書が天才を産み、天才が歴史を変えるのである。

天才ではない人は歴史を変えることまではできないかもしれないが、**自分の人生程度は読書することで変えることができるはずだ。**

# 調子を維持するためには何でもする

マライア・キャリー（1970〜）

マライア・キャリーは、1990年代から2000年代にかけてポップ音楽をリードしたディーヴァである。

実に18曲が全米ナンバー1シングルとなっているが、これは**女性アーティストとして堂々のトップである**（ソロ歌手としてもエルヴィス・プレスリーに次ぐ）。

自己管理に厳しいことで知られ、食事をするときは、いつもノルウェー産サーモンとケッパーでタンパク質を摂取し、1週間に3〜4日はプールで水中運動をしている。

彼女のもっとも奇妙な習慣は、**ベッドの周りに20個にのぼる加湿器を置き、ときには1日の半分を睡眠に充てる**ことである。こうして湿度を維持して喉の状態を管理し、コンサートの前には調子を整えるために15時間も寝るという。

変わった習慣に見えても、彼女にとっては、自分の管理に必要なことだから、頑なに守っているのである。歌手にとって喉は生命線だ。コンサートの直前に喉を痛めでもしたら、すべての準備が台無しになってしまう。

これは歌手という特別な職業人の習慣だから、一般人が真似する必要はないが、**妥協のない自己管理**という観点からは参考にする価値がある。調子が悪くなると仕事ができなくなるのはディーヴァに限った話ではないからだ。

特に、自分に健康上の不安があるのであれば、それを集中的に管理することが大切である。たとえば、しょっちゅう冬場に風邪を引く人は、体を冷やさないようにいろいろな習慣を導入するべきだし、お酒を飲むと調子が悪くなってしまう人は、宴席でお酒を飲まずに済む方法をあれこれ考えてみるべきだ。

ヒップホップMCのエミネムは寝るときに少しでも明るいと寝られないから、床に就く際には、必ず銀紙で窓を塞いだうえで、カーテンを閉じるという。

**自分の調子を維持できるのなら、なりふり構う必要はないのだ。**その方法がいくらおかしく見えても、自分に役に立つならしつこく実践する必要がある。

# 自分の日常を録画しておく

ヒース・レジャー（1979〜2008）

ヒース・レジャーは、『ダークナイト』、『ブロークバック・マウンテン』などの代表作で知られる映画俳優である。特にバットマンを主人公とした『ダークナイト』では、狂気に満ちたヴィラン（敵役）のジョーカーを見事に演じ、その**天才的な演技でアカデミー賞助演男優賞を受賞した。**

彼は、**自分の日常をハンディカメラで撮影する習慣**を持っていた。

画面の中の自分がどう見えるか確認しながら、演技を調整していたのだ。

レジャーにとって演技はただの仕事ではなく、人生そのものだった。役柄を自分に投影する、いわゆる「憑依型俳優」で、キャラクターと一体化した演技を観客に届けようとしていた。しかし、その情熱とは裏腹に精神的に強いほうではなく、『ダークナイト』の製作中、私生活での問題から生じた心労もあり、完成を見届けずに薬の併用摂取で事故死している。

さて、この習慣は天才俳優だけではなく、一般の人にも役に立つ。

学生時代の学芸会や結婚式の映像が残っていない限り、第三者の視点で自分自身の姿を見ることは滅多にない。日常的にそれを確認する方法は、**自分で撮影する以外には存在しないだろう。**

実際にやってみると、自分の想像とのズレに愕然とするはずだ。面白い例でいえば、日本のワイドショー番組で、家族から痩せろと言われてもまったく動じなかった主婦が、自分の日常を撮影した動画を観て、慌ててダイエットに励む様子を観たことがある。

また見た目だけではなく、この習慣は、**録音された自分の声を聞くことができる。**

これもまた、自分の想像している声とはまったく違った聞こえ方をするはずだ。普段、自分の声は頭蓋骨の中で共鳴して耳に入ってくるから、実際より低い声に聞こえていたりするのだ。聞き取りにくかったり、おかしな抑揚がついていたりして、ショックを受けることもあるだろう。

だからこそ、それを利用して**見た目や発音をどう治すべきか、工夫する余地がでてくる。**

誰でも程度の差こそあれ、人目にさらされる社会生活を送っているのだから、客観的な視点で自分を見ておく習慣は有用なのである。

# 使ったお金をすべて記録する

## ジョン・ロックフェラー（1839～1937）

「**世界一のお金持ち**」といえば、今日の多くの人がMicrosoft創業者のビル・ゲイツを連想するが、人類史上いちばんのお金持ちは、ジョン・ロックフェラーである。

彼はアメリカの石油市場を独占して莫大な財産を蓄え、世界有数の財閥の礎を築いた。1937年時点での財産は、今の価値にして**ビル・ゲイツのざっと3倍に及ぶ。**

そのロックフェラーが生涯守った習慣が、**毎日寝る前に自分の消費のすべてを帳簿に記録すること**だった。資産の総額がアメリカのGDPの1・5％に達しても、数セント単位の支払いまで詳細に記録したという。記録のなかには、彼が結婚する前に妻に買ってあげた花の代金もある。

この習慣は、母親からわずかなお小遣いをもらったときから続けていたそうで、ロックフェラーは自分の子どもたちにも同じ日課を身に付けさせようとしている。それもそのはず。この習慣は、彼のビジネスの成功に深く関わっている。
石油王として名高いロックフェラーだが、キャリアのスタートは**製造委託会社の簿記助手**からだった。彼は猛烈に働き、この仕事を通して、会社経営に精通するようになる。家計のように、自分の会社の会計も直接管理していたから、お金の流れを誰よりも熟知していた。この経験は石油産業に参入するとき、石油の輸送コストに着目するなど、大いに役に立った。

大富豪ではなくても、経済活動は私たちの生活に欠かせないことのひとつである。お金の使いみちを記録しておけば、自分が何にコストをかけ、何にかけていないのか、ひいてはどういう人間なのか、客観的に把握することができる。そしてそれは、自然な節約につながる。

筆者の友人には、同じような習慣を持つだけで、**支出の30%を削減した**という者までいる。現代ではいちいち帳簿に書き込まなくても、スマートフォンの家計簿アプリケーションもあるし、インターネットからクレジットカードの明細を読むこともできる。

試しに自分の消費を観察することから始めてみてはいかがだろうか。

# 記憶は結びつけて定着させる

エラン・カッツ（１９６５〜）

天才と呼ばれる人々のなかには、優れた記憶力を持つ人が多い。天才科学者フォン・ノイマンもずば抜けた記憶力で有名だったし、ＧＥ（ゼネラル・エレクトリック）元ＣＥＯジャック・ウェルチも会社の実績や財務データをすべて頭に入れていた。

タイム社と合併する前のワーナー・コミュニケーションズの創立者スティーブ・ロスは「いくら複雑な取引でも頭の中で計算してしまう能力」で有名だった。

また幸いなことに、記憶力は先天的な才能がすべてではなく、**後天的に開発が可能だということも研究で証明されている。**ここでは記憶術のテクニックを研究している天才の習慣を紹介しよう。

エラン・カッツは、イスラエル出身の著述家である。彼は５００個の数字を一度聞いただけですべて記憶できるなど、その分野でギネスの世界記録を持っている。記憶力についての講演を多く開いているが、カッツはその場で聴衆に数字や単語を好きなだけ言わせて、それを正確に思い出してすらすらとホワイトボードに書いてみせる。それだけではなく、逆の順番で書き出す離れ業も披露し、会場を沸かせている。

単語や数字の羅列を記憶することが難しいのは、それ自体に意味がないからだが、ユダヤ人のカッツは、ユダヤ伝統の記憶法を含め、いろいろなテクニックで克服した。

彼は**数字を記憶するときには、数字を文字に変えて記憶する「ギマトリア」という手法を使う。**たとえば「47」を「侍（赤穂四十七士から）」、59を「孫悟空（その発音から）」と覚えれば、4759という文字列からは、侍の集団が孫悟空を追いかける場面を連想できる。これは電話番号などを覚えるときに有効だ。

また、初めて出会った人の顔を記憶するときには、相手がいろいろなシチュエーション――たとえば浜辺で休暇を過ごしている姿や、土砂降りに降られている姿、真夜中に出勤している姿――を想像する方法が効果的だという。

久しぶりに会った知人の顔を見て「この人、誰だったたっけ……？」と考え込んでしまうのは、**無意識に知人のことを、知り合い、交流した状況と結びつけて記憶してしまっているからだ。**この方法を使えば、意外なときや場所で再会したときも思い出せるようになるという。

またカッツは、これらのテクニックの前に、記憶力を発達させるために何より重要なことは**「記憶しようとする意志」**だという。意志があればテクニックを使う気になるし、集中力も高くなるのだ。

現代はスマートフォンなどのデジタルデバイスが発達しているから、知識は記憶力に頼らずともインターネットから引いてくれれば良いという主張もある。だが、インターネット上に重要な情報があっても、それを記憶できなければ活用することはできない。

たとえば、「面接試験で絶対にアピールに成功するテクニック！」と題した情報をインターネットで目にしたところで、面接試験会場でそれが思い出せなければ、面接官の前で読むわけにもいかないから、活用する機会はないのだ。

# おわりに

テレビゲームには、「チートキー」という隠し機能が存在する。

それは、決まった順番に連続したキーを押すと、主人公が無敵になったり、いわゆる「ライフ」が無限になったりする。だからチートキーを知っている人は、最小の労力でゲームを簡単にクリアできる。

もっとも、これは、ゲームの開発陣がテストプレイのために密かに入れておいた機能だから、一般の人は知りえない。

インターネットを使ったオンラインゲームにも、ユーザーたちが作った「ハック」がある。これを使えば、敵の攻撃を簡単に避けられたり、普通は通れない道を通れるようになったりするので、他の一般ユーザーに簡単に勝つことができる。

もちろんこれは不正行為なのだが、使用する者が後を絶たない。

では、人生にもチートキーや、ハック——つまり、成功を簡単に手に入れられる裏技—

――は存在するのだろうか？

人生にはここまで簡単な裏技は存在しないものの、成功するために効果的なコツはある。それを習慣として毎日実践できれば、知らない他人よりは、毎日一歩ずつ先んじることができ、やがて時間が経つと、普通の人は想像もできないような成果を手にできる。

本書で紹介してきたのは、そんな、ちょっとした工夫の数々である。


毎日続けるのには強い意志がいるが、実践するのは簡単な習慣ばかりだから、うまく自分の生活や仕事に応用してみてほしい。

さて、本書の完成にあたっては、株式会社すばる舎編集部の吉本竜太郎氏にお世話になった。もともとは「天才たちの成功に貢献した習慣はどんなものだったか」と話し合うなかから生まれた企画だったが、こうして一冊の本として完成して幸いである。

また、本の制作・流通・販売に貢献してくださった同社のスタッフ、そして何よりも本書を手にとってくださった読者に心より感謝を申し上げたい。

2019年　4月吉日　許 成準

**●すばる舎の本●**

## 「生涯現役」を貫くおばあちゃんドクターの
## 慈愛に満ちた言葉が貴方の心を元気にしてくれます

### 心に折り合いをつけて
# うまいことやる習慣

---

中村恒子［著］ 奥田弘美［聞き書き］

◎B6判変形　◎定価：本体1300円（+税）　◎ISBN978-4-7991-0721-8

キャリア70年、フルタイム勤務を続ける精神科医が教えてくれる
「日々たんたん」な生き方。大好評10万部突破!!

http://www.subarusya.jp/

〈著者略歴〉

**許 成準**（ホ・ソンジュン）

2000年、KAIST（国立韓国科学技術院）大学院修了（工学修士）。ゲーム製作、ＶＲシステム製作、インスタレーションアートなど、様々なプロジェクトに携わった経験から、組織作り・リーダーシップを研究するようになり、ビジネス・リーダーシップ関連の著作を多数執筆。主な著書として、累計10万部を突破した『超訳 孫子の兵法』をはじめとして、『超訳 君主論 ―マキャベリに学ぶ帝王学―』、『超訳 論語 ―孔子に学ぶ処世術―』、『超訳 資本論 ―お金を知れば人生が変わる―』、『超訳 アランの幸福論』、『超訳 韓非子 ―リーダーの教科書―』（すべて彩図社刊）などがある。

# 1日ごとに差が開く 天才たちのライフハック

2019年 4月25日 第1刷発行

著 者――許 成準
発行者――徳留 慶太郎
発行所――株式会社すばる舎
〒170-0013 東京都豊島区東池袋3-9-7 東池袋織本ビル
TEL 03-3981-8651（代表） 03-3981-0767（営業部）
振替 00140-7-116563
URL http://www.subarusya.jp/
装 丁――西垂水 敦（krran）
印 刷――中央精版印刷株式会社

落丁・乱丁本はお取り替えいたします

ISBN978-4-7991-0796-6